問吉凶一本通

Bagua Divination

鐵口直斷祕法

命理大師 黃恆堉

自序

黃恆墇

在一個偶然的機會裡，跟一個命理同好侯承宗老師在聊天，聊到在五術領域中有那種算命工具，不用開口問就知道您要問什麼事，且該事之吉凶能一清二楚呢！

我說不知道，因為傳統算命工具只是能幫助論命老師當一個參考資料而已，並不能猜測，對這次所要問的問題是什麼並無法猜出。

這本工具書就是能讓別人要問財運或婚姻或求醫或考試或健康或⋯⋯等六十四種生活中相關的問題，不用開口就能知道要問的問題吉或凶，以便讓我們心中有所拿捏。這

是一種十分鐘就能學會的占卜工具書，也是我們生活中的顧問老師，只要您熟用，不僅能獲益良多外，而且能造福他人，幫人排憂解勞。

本書經過恆堉加以改良了傳統占卜方式，增加數字占卜法，此種方法在網站影片中均會做完整說明，希望本書的出版能幫助更多的人解決更多困擾。感恩您。謝謝您。

臺中市五術教育協會創會理事長　黃恆堉

吉祥坊命理開運中心

網址：www.abab.com.tw

侯承宗

　　跟隨業師高山子習藝數載，得業師栽培與教誨，得知五術能助人也能誤人，吾師常告誡：「積善之家必有餘慶，積惡之家必有餘殃」。

　　師傅傳我（高谷子）命理、風水、卜卦等五術，使我得其精髓，其中「先天易數」最為神祕、神奇。今由臺中五術協會理事長黃恆堉先生之鼓勵，將其交由吉祥坊出版成書，以享同道及有心學成先天易數之精髓「來者不用問，便知來者意」的五術神奇之功夫。清地師葉九升氏博通各理，其於此認知尤祥，其曰：「天下好書，必盛行而不考

必，其矛必而不盛行者，必古人師廢棄……」所以希望此書能盛行暢銷。

當爾同道中人獲其「先天易數」之功夫，希望能以此幫助大眾在迷途中尋一條明路，在黑暗中尋一線曙光。

「高占乾坤洩天機，谷深藏靈尋神祕，子期紅塵談笑中，撥開雲霧日月明。」

高谷子風水命理研究院網址

www.1388.com.tw

推薦序 II

李羽宸

　　影響命運的因素：「 一命、二運、三風水、四積德、五讀書。」命裡有時終須有，命中無時莫強求；人逢倒楣金變鐵，時來運轉牆難擋。也就是說不管做任何事情，一定要親力親為，努力不懈，才能有所成。絕對不能在失運之時就懷憂喪志，心灰意冷。

　　五術乃山、醫、命、相，現代人在生活茫然、無所適從之際，最快速有效之方法，多藉易經占卜指引迷津，逢凶化吉。本書《鐵口直斷之祕法》，將易占卜筮大意剖析詳盡，旨義明確，言簡意賅，共饗同好，知命握運，扭轉乾坤。

易經占卜學歷史悠久，居於五術範疇開山始祖之地位。易者太極生兩儀，兩儀生四象，四象生八卦，計有六十四卦，三百八十四爻，卦以為體，爻以為用，變化莫測，玄奧甚祕。今以淺顯易懂之原理，透露天機，昭示世人，以供大眾斷論單一事件之成敗吉凶。

高雄市五術教育協會理事長　李羽宸
戊戌夏謹序於　吉謙坊命理開運中心

推薦序 III

謝志中

「生而為人」不容易！對自己沒有信心，對未來也沒有信心，就很難脫離迷信。日常生活中有疑惑的事情太多了，卜卦問吉凶在所難免，因此世尊說了一部《占察善惡業報經》，以滿足後世的芸芸眾生們，這是世尊慈悲方便的示現。

在華人世界裡，如果遇到有疑惑不能解決，想求人卜問，還可以採取此種《先天易數占卜法》。這是一種容易上手又歷久彌新的占卜方法，將可即時幫助妳（您）趨吉避凶，解除日常心中的疑惑。

如上述《占察善惡業報經》與更方便入

世的《觀音菩薩靈課》一樣，若能持恭敬的心，萬緣放下，心愈清淨愈虔誠，感應與準度將更不可思議。所謂「心誠則靈」。

心動不如馬上行動，今日方便大門已開，只要依本書精心的說明，占卜問事馬上靈！

高雄縣五術教育協會副理事長
華藏學術研究中心負責人　謝志中
2018 於臺南 謹序

推薦序 IV

林咏脭

　　這本隨身工具書神奇的地方「來者不用問，便知來者意」之最高境界，舉凡財運、婚姻、求醫、考試、健康……等等，所有生活中相關的問題都可知吉凶，隨時隨地能為我們心中解惑。這本書最厲害的是，您不用懂任何五術方面的專業知識，也不需要花很多的時間去鑽研學理，便能輕鬆學會的占卜工具書。

　　此時如果您正為人際關係而煩惱，此書正是您絕佳的工具書，不僅可以增加個人魅力，也能增加您與他人的互動。

永易開運學院　於戊戌年

天地宇宙間，存在著許許多多玄妙無法解釋的現象，人類為了探究真理、答案，多少年來紛紛鑽研出各式玄學、理學、命學和靈學理論，並藉由這些理論推斷來得到自己想要的結果，時至今日，百家爭鳴，無論西方的占星、塔羅，乃至東方的命卜、堪輿、相術……，各有各的一席之地與印證基礎。

踏入五術界，是在二十多年前經商遇到瓶頸的一個偶然機會裡，經由問八字、卜卦，得知人世間竟有如此神妙的學問，可以準確測得個人，乃至周遭人、事、物的一切，進而從懷著不可思議的心態，一頭栽進這個領

域，期間，學習了風水堪輿、子平八字、姓
名學、道法、擇日、紫微斗數、文王卦……，
除了轉業開起命理館，也發行了多達十二套
五術命理教學ＤＶＤ。

　　個人從事卜卦教學已近二十年，發覺此
書所教的卜卦方式是最為簡便的，值得好好
推薦。

戊戌年孟夏
陳宥名　序
九天五術開運中心

目錄

1	2	3	4
1. 問天氣好壞	1. 問搬家好嗎	7. 問祖墳風水	1. 問五穀收成
5. 問招婿成否	8. 問嬰兒健康	2. 問借錢順否	7. 問入贅適合
8. 問國家考試	6. 問兄弟分家	6. 問出借財物	2. 問尋找店面
4. 問催討債務	4. 問父母病情	4. 問開店財利	4. 問出外遠行
6. 問一生運勢	5. 問購屋利否	1. 問求財機會	3. 問生育求子
3. 問進修前途	2. 問開會談判	8. 問賭運如何	6. 問夢兆吉凶
7. 問尋醫求方	7. 問病情狀況	3. 問買賣牲畜	5. 問漁獲收成
2. 問升學考試	3. 問求職工作	5. 問返鄉時機	8. 問是非口舌

5	6	7	8
1. 問賣貨時機	8. 問討小老婆	8. 問雇用員工	5. 問走失信息
2. 問有無貴人	2. 問徵人找人	2. 問家書音訊	2. 問家宅風水
6. 問生意投資	1. 問升遷機運	7. 問投身官職	1. 問壽元劫數
4. 問出貨安全	4. 問和解狀況	4. 問官司贏否	4. 問失物找回
5. 問動土宜忌	3. 問買官順否	5. 問買貨可否	3. 問合夥吉凶
8. 問訴狀贏敗	6. 問懷胎生產	6. 問參選求官	6. 問親人信息
7. 問文憑文書	7. 問買賣成否	3. 問選舉提名	7. 問一技之長
3. 問產品收益	5. 問婚姻感情	1. 問購買土地	8. 問押解人犯

如何開始進行占卜

1	2	3	4
1. 天氣好壞	1. 搬家好嗎	7. 祖墳風水	1. 五穀收成
5. 招婿成否	8. 嬰兒健康	2. 借錢順否	7. 入贅適合
8. 國家考試	6. 兄弟分家	6. 出借財物	2. 尋找店面
4. 催討債務	4. 父母病情	4. 開店財利	4. 出外遠行
6. 一生運勢	5. 購屋利否	1. 求財機會	3. 生育求子
3. 進修前途	2. 開會談判	8. 賭運如何	6. 夢兆吉凶
7. 尋醫求方	7. 病情狀況	3. 買賣牲畜	8. 漁獲收成
2. 升學考試	3. 求職工作	5. 返鄉時機	5. 是非口舌
5	**6**	**7**	**8**
1. 賣貨時機	8. 討小老婆	8. 雇用員工	5. 走失信息
2. 有無貴人	2. 徵人找人	2. 家書音訊	2. 家宅風水
6. 生意投資	1. 升遷機運	7. 投身官職	1. 壽元劫數
4. 出貨安全	4. 和解狀況	4. 官司贏否	4. 失物找回
5. 動土宜忌	3. 買官順否	5. 買貨可否	3. 合夥吉凶
8. 訴狀贏敗	6. 懷胎生產	6. 參選求官	6. 親人信息
7. 文憑文書	7. 買賣成否	3. 選舉提名	7. 一技之長
3. 產品收益	5. 婚姻感情	1. 購買土地	8. 押解人犯

先天易數 512 籤詩

111 籤（問天氣好壞）

　　天雨問晴天必雨，天晴問雨主天晴，若要雨臨看亥子，晴多雨少數分明。

【白話解說】

　　如果想要問什麼時候會下雨大概就需要遇到亥、子日（需查農民曆）比較有機會。

112 籤（問升學考試）

　　進學占之履卦爻，文書官鬼兩相交，才名二字成推薦，定主他年在錦標。

【白話解說】

　　考試成績沒有很理想，離目標還有一段距離，持續努力來年一定會有機會金榜題

名。

113 籤（問進修前途）

鬼爻持世卦相同，又許讀書望進身，從此功名終可望，須知入泮有鴻名。

【白話解説】

只要好好讀書充實自己，現在是求取功名的好機會，日後一定會功名顯彰。

114 籤（問催討債務）

求物求財先覺難，爻中財盡始相還，秋冬初討無財物，夏季春時不耐煩。

【白話解説】

此時占卦，恐怕很難在短期內要到財物，至少要到春夏時節才可能拿回財物。

115 籤（問招婿成否）

　　招婿未成來問卜，誰知好事多反覆，應來生世得成全，福祿優然終分宿。

【白話解說】

　　此次問招婿宜三思，好事多磨；難白頭偕老，在個性上有陰陽不調和之象。

116 籤（問一生運勢）

　　往來命運固非宜，人旺財興值此時，發福興家多遂意，貴人相遇有扶持。

【白話解說】

　　抽到好籤，現在正是翻身的好時機，人旺財旺，家道隆昌就在此時，而且又有貴人相扶助。

117 籤（問尋醫求方）

　　縱有名良醫國手，淹淹未見退災憂，若逢應位來生世，甲寅之日救星臨。

【白話解說】

　　時運不濟，即使有好醫生，病情仍令人擔憂，等到甲、寅日或明年春天，才可能有轉機。

118 籤（問國家考試）

　　文書官鬼問蘭庭，許宴佳賓見名利，水上流年多有選，今年科舉只平平。

【白話解說】

　　目前看來考運只有平平！再努力些，遇到屬水的流年較有機會考上。

121 籤（問搬家好嗎）

移居斷許遂君心，福德星強利祿深，若問東南財便旺，家成業就樂昇平。

【白話解說】

搬家順心意，如果搬到東南方，錢財、事業、家庭都能有所成，但須請專業老師鑑定過後才行。

122 籤（問開會談判）

君占會事恐無成，義氣相投事可通，若在秋冬方可望，如逢春夏事多憂。

【白話解說】

對於本次的談判，要達成共識恐怕很難，要等到秋冬以後，彼此同舟共濟方有所成。

123籤（問求職工作）

　　鬼爻掛臨應福神祥，謀事占之百事昌，春季冬時方可就，夏秋占此不相當。

【白話解說】

　　看來最近會有很多工作機會，但未必適合你。尤其是夏秋兩季找工作更不適當，待春冬兩季便水到渠成。

124籤（問父母病情）

　　財來生鬼病難醫，父母家星要護持，夙願如今還應早，一旬半月總評論。

【白話解說】

　　照卦象判斷，父母的病很難醫，須十天、半個月後才知道病情會不會好轉。

125 籤（問購屋利否）

　　應財世生事宜成，買屋占之許稱心，富貴榮華從此得，家成業就永康寧。

【白話解說】

　　看來這是相當不錯的房子，現在也是買房的好時機，若能請專業老師指點，則必定財源廣進，家道昌盛，駿業亨達。

126 籤（問兄弟分家）

　　分家君占欲上疑，管教日後不差池，春秋財旺無煩惱，任意為來總得宜。

【白話解說】

　　要分家：依卦象來看，分家是可行，但最好等到春季或秋季，就不會有煩惱且財運亨通，諸事順利。

127 籤（問病情狀況）

　　卦占疾病事無妨，福德天星兩字強，亥子庚辛全癒好，五行有救壽綿長。

【白話解說】

　　關於問病一事，吉人自有天相，能得到名醫相助，等到秋天或庚辛、亥子日時，病痛就可以痊癒了。

128 籤（問嬰兒健康）

　　嬰兒得病數無妨，福德臨爻不必憂，服藥且看過未午，合家歡喜把神酬。

【白話解說】

　　小嬰兒生病在所難免，有吉神保佑不用擔心。請遵照醫師指示吃藥，待午時以後或夏秋之間就會好了，屆時全家歡喜酬謝神明。

131 籤（問求財機會）

　　求財宜緩不宜急，允時亦少定無多，甲乙卯寅方有望，卦爻註定斷無訛。

【白話解說】

　　急著想賺錢嗎？想要賺錢只能慢慢來，不能急。等到甲、乙、卯、寅日或是春天之時，自然沒有問題。

132 籤（問借錢順否）

　　財銀借取問神明，託保求之亦可成，亥子庚辛財發動，日前不遂莫生嗔。

【白話解說】

　　依目前情況應該借不到錢，託別人去遊說或許可以成功，等到亥子、庚辛日或秋冬之時借到錢的機會較大，目前的不順遂，千萬不能發怒。

133 籤（問買賣牲畜）

　　欲占買畜最為良，世應相旺百事昌，數定買來君合意，牛多生息馬驃強。

【白話解說】

　　依卦象看，現在是買寵物牲畜最佳時機，牠們都能為你帶來財富，百事吉昌。

134 籤（問開店財利）

　　開店占之主大財，妻財持世斷無乖，春秋夏季財多息，冬至平平少稱懷。

【白話解說】

　　擺明這支卦是這樣子，如果是在春、夏、秋天開店獲利都不錯，但若是在冬天的話，獲利只有平平。

135 籤（問返鄉時機）

回鄉占此主平安，福德財源兩字全，伴侶定教逢貴客，路途更覺得心寬。

【白話解說】

若問成功返鄉結果如何，福德財利都不錯，而且過程之中會遇貴人相伴，一路順利吉祥亨通之象。

136 籤（問出借財物）

此卦占來放帳宜，管教日後不差地，夏秋得宜無煩惱，任意為之不必疑。

【白話解說】

問借人家財物，是可以為之的，特別是在夏秋的時候放帳，而且往後帳目不會有什麼差錯。

137 籤（問祖墳風水）

墳塋龍脈不為佳，定主無情不必誇，左右有坑還有破，別尋求巽壽榮華。

【白話解說】

此卦看來祖墳龍脈太直無情，不好的格局，而且左右有坑洞破損。宜另外覓地，才有機會求得福壽，財丁兩旺之慶。

138 籤（問賭運如何）

賭博求謀先聲難，本宮財盡始相還，秋冬欠勝無些利，春夏還勞不耐煩。

【白話解說】

問賭運，投機基本上是無利可求的，勞心勞力得不償失！今年是不順之年。

141 籤（問五穀收成）

　　財臨應位有收成，種作田禾十倍增，水足米乾天意好，一年收勝二年春。

【白話解說】

　　今年一定會大豐收，而且今年的收成可能會勝過前幾年的收成。

142 籤（問尋找店面）

　　子孫無位兩文書，怎奈旁人搬是非，有館被人尋奪去，枉徒勞碌費奔馳。

【白話解說】

　　貴人無，有小人在身邊搬弄是非，忙了半天還是徒勞無功。就算有房子，也會被人搶走。

143 籤（問生育求子）

　　子臨福位子孫明，求子占之許遂心，若是早年刑剋過，如今不久產麒麟。

【白話解說】

　　應該可以如你所願！若求第一個小孩，會比較難養些，如果早年有刑剋過，則不久之後應該會有好消息。

144 籤（問出外遠行）

　　出行占此恐非宜，兄弟臨門有是非，世應逢沖多阻隔，不宜妄動且遲遲。

【白話解說】

　　占此卦，恐怕不宜出門，遇到很多問題及麻煩，切勿輕舉妄動，還是再等等吧！

145 籤（問漁獲收成）

捕魚占之遂心懷，上流利得任君懷，專
心致志君須得，縱橫張網登釣合。

【白話解說】

到對的地方，做對的事，若能在溪流的
上游捕魚，並且專心捕魚一定會豐收。

146 籤（問夢兆吉凶）

君逢夜夢不相疑，名利關心事不濟，家
道人丁暫驚恐，時來運到夢魂齊。

【白話解說】

關於這個夢，這段時間會有些不安，只
因凡事得失心太重，要過些時日才會安寧。

147 籤（問入贅適合）

　　鬼爻持世未和諧，入贅求婚莫妄為，只好回頭尋別計，免教別後有悲哀。

【白話解說】

　　很難決定，入贅的對象與家人不和，最好打消這個念頭，免得日後會後悔莫及。

148 籤（問是非口舌）

　　是非口舌事多端，世位逢財事不安，凡事勸君饒一著，方保事後心放寬。

【白話解說】

　　人前留一線，日後好相看，不要與人太計較，古人云：「退一步海闊天空，忍一時風平浪靜。」

151 籤（問賣貨時機）

　　君占脫貨一時難，反覆延誤空往還，巳午未臨才可脫，過期又恐有牽掛。

【白話解說】

　　可能有點困難，一時之間還會有些反覆不定，巳、午、未日或夏季到了才有可能，錯過了恐怕又有問題了。

152 籤（問有無貴人）

　　君占見貴事如何，一見應知喜氣多，名利重重終有望，先天神數不差訛。

【白話解說】

　　ok 沒問題，這次所希望的應該會實現，之後名利雙收得償所願，先天卦數一定不會差錯。

153 籤（問產品收益）

卦占喜事兩重財，福德星臨應上來，若問春蠶休掛慮，十分財喜稱心懷。

【白話解說】

恭喜！恭喜！此次的收成應該是十分的豐碩，喜事重重，財星高照。

154 籤（問出貨安全）

收解錢糧主太平，六爻無鬼不虛驚，上下貴人多得力，定官得利轉家庭。

【白話解說】

看來一切是順利的，而且大家也會適時的提供協助，任務一定能平安順利完成。

155 籤（問動土宜忌）

數占起造許君為，日吉時良萬事宜，起後財源還許勝，任君造作不須疑。

【白話解說】

看來這真是一支好卦，挑一個良時吉日去做，不用懷疑，諸事皆會很順利。

156 籤（問生意投資）

福德星強喜氣臨，生意之中百事宜，當道貴人應可託，從今名利不奔馳。

【白話解說】

福星丫福星，與貴人互相合作，百事順遂，萬事吉昌，名利可得，大有可為。

157 籤（問文憑文書）

文書重見領文憑，反覆其中實可疑，已午未臨終有望，過期又恐有耽遲。

【白話解說】

到夏天時，有希望順利拿到文憑，如果過了這個時間，恐怕機會已過，不太容易拿到文憑了。

158 籤（問訴狀贏敗）

訴辯占之許遂情，文書官鬼兩分明，向陽有理無刑罰，日後方知卦似神。

【白話解說】

這次訴訟，此事我方有理，所以並不會有刑罰上身，日後才知卦爻如此神準。

161 籤（問升遷機運）

財爻應來可陞官，仕宦占之必主歡，秋夏喬遷消息到，人情謀幹兩周全。

【白話解說】

動點腦筋，如果在各方面的支持與配合下，升遷的消息在秋夏時節就可明朗了。

162 籤（問徵人找人）

陰險重重卦未安，尋人占此恐難干，世剋應爻應剋退，只宜訪察可心寬。

【白話解說】

以目前的消息，現在很難找到你在找的人，只有靠著線索耐心的尋找。

163 籤 (問買官順否)

納監占之怕子孫，文書官鬼兩星明，崢
嶸仕路何須慮，定註財物兩稱心 。

【白話解説】

關於買官一事，在未來仕途上不用太擔
心，而且錢財與事業一定可以順心如意。

164 籤 (問和解狀況)

文書官鬼兩相侵，和事應知不順情，有
事定然反覆去，只須忍耐免虛驚。

【白話解説】

還有很多事還沒搞定，目前想和事恐怕
不會順利，只能暫時忍耐以免節外生枝。

165 籤（問婚姻感情）

求婚占之十分宜 ，官鬼妻財兩見之，
更喜媒人多助力，定教舉案得齊眉。

【白話解說】

真是天作之合，這個時機適合求婚，若
有媒人的幫助一定可以成功！

166 籤（問懷胎生產）

孕育求占險與平，臨時略略有虛驚，庚
辛申酉長生日，臨產雖凶不損身。

【白話解說】

卜卦來問懷孕狀況，依卦象來看會受到
一些驚嚇，最好選在庚辛、申酉日生產，雖
凶但不傷身體。

167 籤（問買賣成否）

　　交易占之卦最宜，應來生世有扶持，雖然財利平平穩，信實成交沒是非。

【白話解說】

　　占此卦不錯，雖然沒有很大的獲利，但誠信交易才是不惹是非的上上之道。

168 籤（問討小老婆）

　　卦占娶妾問姻緣，妻財不現事纏延，計問招偏緣不是，見枉圖樂莫流連。

【白話解說】

　　唉！這樁姻緣是非口舌多，最好不要，若晚年得子，在寅卯（虎、兔）之年會有災難發生。

171 籤（問購買土地）

置田占此不為安，差重糧多莫妄干，又見鬼爻臨世位，要防反覆幾多般。

【白話解說】

看來這塊地並不好，無論種什麼都收成不好，利用價值不大；而且事情也多波折，要防小人藉機破壞，宜三思。

172 籤（問家書音訊）

家信來時應巳午，六親骨肉喜平安，勸君急整歸家計，免得家中望眼穿。

【白話解說】

如果到夏季四、五月，或巳午日就會有消息了，家中一切平安，還是快點準備回家一趟，以免家人牽掛。

173 籤（問選舉提名）

　　納吏功名宜斟酌，文章無位枉勞神，莫嫌此卦多休咎，只恐他時反被侵。

【白話解說】

　　不樂觀，目前本身並沒有升官的條件，也不用傷這個腦筋，不然到時恐怕反被拖累。

174 籤（問官司贏否）

　　君占告狀卦逢官，財旺生官福祿全，冬夏成權多得力，許君財喜兩平安。

【白話解說】

　　這次的官司，此卦對我方有利，冬夏順遂多如意，人財兩安不須愁。

175 籤（問買貨可否）

今因買賣問神靈，定是求謀得遂心，當道貴人皆有助，此行端的有收成。

【白話解說】

看來這次的買賣已踏到時機，此次可以順利的成交，也會有貴人來相助。

176 籤（問參選求官）

求官占此卦為高，財旺生官福祿饒，秋令冬時得好缺，親榮妻貴樂滔滔。

【白話解說】

求職可如願，秋冬時就會有好職缺，且能讓親友感到光榮，老婆小孩都享有榮華富貴，皆大歡喜。

177 籤（問投身官職）

　　君今意若進衙門，福德星臨百事亨，秋夏冬時多利益，春間少遂莫生嗔。

【白話解說】

　　想要考上官職，在秋夏冬的時候才有好的機會，春天就不是那麼如願了。

178 籤（問雇用員工）

　　君因討僕來占卜，福德星臨事事亨，雖是眼前多阻隔，遲遲方許可成交。

【白話解說】

　　這個人基本上是不錯的，只是目前還有一些阻力，要等一陣子才可達成。

181 籤（問壽元劫數）

　　卦卜知君問壽年，生來衣祿付天權，雖知生死榮枯事，八八加三夢九泉。

【白話解說】

　　詢問壽命可活到幾歲，一生食衣住行都是天注定，基本上最少可以活到六十七歲。

182 籤（問家宅風水）

　　家宅重重見是非，破財疾病有些微，最喜鬼神多助力，春夏秋冬得相宜。

【白話解說】

　　依目前所住的房子是非多而且破財、生病、多災難，最好請學有專長的地理師指點，如此一年四季都適宜居住。

183 籤（問合夥吉凶）

日月同逢卦最靈，君占合夥甚施為，六
爻安靜身心旺，不必多疑聽是非。

【白話解說】

如果詢問合夥之事，目前時機合適。可
以安心去做，不必多疑顧慮或亂聽是非。

184 籤（問失物找回）

應來剋世福神傷，失物占之枉自忙，內
外兩人分卻去，勸君且捨莫思量。

【白話解說】

無望了，不必費心傷神找失物，東西已
經被熟人或外人瓜分掉了，勸你不要再去想
了。

185 籤（問走失信息）

　　世高應下重重見，走失終須得轉頭，癸亥子丑終有信，何必著急去追尋。

【白話解說】

　　回得來嗎？不用太擔心，早晚會自己回來的，癸亥、子丑日（時）查農民曆就知，就會有消息。

186 籤（問親人信息）

　　君問行人何日至，應未臨門音信遲，庚辛巳午交臨日，可望人財兩見宜。

【白話解說】

　　遠行的人，何時何日歸來，雖然音信慢，在秋夏之間或在庚辛、巳午日就會回來，可望人財兩相宜。

187 籤（問一技之長）

手藝求財此卦奇，子孫持世事周齊，秋冬財源多遂意，更遇高人百事宜。

【白話解説】

如果想要學手藝或兼差賺些錢應該可以，尤其在秋冬時節財源多，還會遇到貴人相助，事事順利。

188 籤（問押解人犯）

解人須忌有虛驚，費力勞心不得寧，交卸圓滿心始放，若不小心有刑傷。

【白話解説】

整個過程會有些艱辛，小心謹慎免得傷到自己；任務完成之前都必須小心，以免惹上刑罰。

211 籤（問開會談判）

會事占之卦最宜，朋友重重兄弟齊，作
速去邀保全美，庚申辛酉得全財。

【白話解説】

在這時候開會、決議、共識或談判，是
一個很好的時機，宜盡快去進行。尤其是在
庚申、辛酉的日時最有利。

212 籤（問嬰兒健康）

子孫喜至何須慮，不必憂疑且問醫，虎
頭蛇尾災星退，待交節氣病才移。

【白話解説】

小孩的病是季節性的病，不用太擔心，
聽醫生指示用藥。不可虎頭蛇尾，等到十五
天交下一個節氣之後就可痊癒。

213 籤（問購屋利否）

　　財不臨世卦未安，君占買屋慢心歡，中人多欲難成就，捨此不如別路看。

【白話解說】

　　沒什麼利潤可言，關於買屋的卦象來看並不安穩！中間人想從中獲利，很難成交，還是去別的地方看吧！

214 籤（問病情狀況）

　　占病星辰命犯之，五行有救免憂虞，時逢卯酉災星退，作福祈神莫待遲。

【白話解說】

　　此時占卦問病情：逢病星，不必太擔心。到卯酉日時，災星就會離開，快點到佛堂祈求神佛保佑即可。

215 籤（問父母病情）

父母無端疾病占，卦中財動鬼官連，子
未占卜無應事，若把心頭莫罣牽。

【白話解説】

此時來占卦，依卦象來看：令尊的病情
不太好，可以往北方去求醫，病情就可痊癒。

216 籤（問搬家好嗎）

卦問移居許遂心，從今財物自然增，目
前口舌須防備，移過方安切莫停。

【白話解説】

不錯，移居搬家順心願，從今以後財物
自然增加，需小心提防是非口舌之災。

217籤 (問兄弟分家)

分家何患不稱心，子孫持世益千金，官臨應位總無忌，老實親族信可憑。

【白話解說】

此時占分家之事應該可以順利的完成，再由族內公正宗親或長者主持更佳。

218籤 (問求職工作)

財爻持世進妻財，謀事無妨慢慢來，最喜星辰應在意，更遇高人百事宜。

【白話解說】

找工作不要急，要和你的興趣與專長配合，加上遇到貴人的相助，事事順利。

221 籤（問家宅風水）

　　子神持世福神強，家宅占之大吉昌，秋冬季時財正旺，夏春口舌也須防。

【白話解說】

　　目前居住的房子很好，事事昌隆。秋冬二季財正旺，春夏二季防口舌是非。

222 籤（問押解人犯）

　　解人不可不提防，慪氣傷財人不安，幸得貴人多助力。雖然勞苦不傷心。

【白話解說】

　　押解人犯不可不小心提防，過程中會有些慪氣或傷財，幸好遇貴人相助，雖然勞苦但不必傷心。

223 籤（問走失信息）

　　走失家人在北方，細心察訪不須忙，秋冬占此難尋覓，春夏交臨定返鄉。

【白話解說】

　　依卦象來看走失的家人應在北方，慢慢找不要太著急；在秋冬時節難找回，到春夏兩季一定能順利團圓。

224 籤（問一技之長）

　　世應相生無不遂，唯利微益數安排，況嫌手藝多靈巧，勞心勞力事可為。

【白話解說】

　　如果想要學手藝或兼差很適合，雖然能賺的利潤不多，只要努力認真工作依然很順利。

225 籤（問失物找回）

錢財失卻不須憂，內外藏之可緩求，庚午寅申會見面，賊人自犯失機謀。

【白話解說】

錢乃身外之物，錢財遺失請不要擔心，只要仔細慢慢找，等到庚午寅申日或春夏二季就能找到。

226 籤（問壽元劫數）

君來問壽世如何，又恐光陰去已多，今歲欲防跌撞運，壽元八八夢南柯。

【白話解說】

要問能活到幾歲，光陰已過了大半，今年要小心跌倒碰撞；壽命可活到八十八歲。

227 籤（問親人信息）

應來生世遂心懷，君問行人不日來，丑未庚午方有信，人財兩見卦安排。

【白話解說】

占卜問親人信息，不必心急待丑未、庚午日就會有好消息，到時人回來還帶一些錢財回來。

228 籤（問合夥吉凶）

占此財爻不甚佳，與人合夥事難誇，將來定有爭端起，單身別圖錦上花。

【白話解說】

看來沒什麼財運，與人合夥創業怕爭議多。不如自己個人創業，反而能成功。

231 籤（問有無貴人）

　　見貴還須苦託人，鬼爻臨應要勞心，應來生世他生我，不必憂疑許遂心。

【白話解說】

　　想要達到目的還是得請人幫忙，對方也是會給予協助的，終究可以稱心如意，心想事成。

232 籤（問訴狀贏敗）

　　訴狀占之許遂心，子孫持世福神欣，待交戌日兼寅午，免罪除刑好脫身。

【白話解說】

　　這個官司最終會贏，雖然被告，但福星高照，等到寅、午、戌月或日，就能夠洗刷冤屈。

233 籤（問動土宜忌）

君因起造來問卜，豎柱上梁有吉宿，君因起造占此卦，數鳴遇雞任君架。

【白話解說】

動土方面可能有些問題；需注意在雞鳴時恐怕遇到煞氣，還是要請教專業老師比較保險。

234 籤（問文憑文書）

妻財持世主生官，占領文憑信可安，亥子丑交方有得，貴人當道遇尺緣。

【白話解說】

看來會有貴人相助，在冬季或亥、子、丑日就可以得到文憑，注意貴人與當事者相遇之緣。

235 籤（問出貨安全）

鬼爻持世事難諧，收解錢糧事不佳，若不小心並謹慎，走主刑耗兩相加。

【白話解説】

這批貨可能會不順利的，若是不小心謹慎的話可能會人財兩失扯上官司。

236 籤（問賣貨時機）

妻財旺相可生官，脫貨求財亦許安，亥子丑臨交易好，貴人相助得周全。

【白話解説】

現在賣應該沒有問題，亥、子、丑日或是冬季是關鍵期；會得到貴人的相助一切順利。

237 籤（問生意投資）

　　生意占之許遂情，來人不用苦憂心，只
宜謹慎加斟酌，出入經營任君行。

【白話解說】

　　你所問的生意只要小心謹慎經營，思慮
周全，其他的事情自然不用操心。

238 籤（問產品收益）

　　卯木妻財占大佳，春蠶有益定無差，更
兼外卦來相助，絲利重重甚可誇。

【白話解說】

　　經營這種貨物非常適合，會有外力相
助，且獲利很多，可在春天開始經營。

241 籤（問家書音訊）

　　問信重重未見來，要逢子午一音開，家
中萬事皆要穩，不必憂疑且放懷。

【白話解說】

　　沒有消息不用緊張，家裡一切平安，要
到夏冬兩季或五月或十一月的子、午日才會
有消息，不必太過擔憂。

242 籤（問雇用員工）

　　歸妹之卦子孫弱，買僕占之事不良，買
得終須防口舌，還可仔細再思量。

【白話解說】

　　如要雇用這位員工，最好再仔細評估，
就算已經履行了，也需要時時提防口舌是
非。

243 籤 (問買貨可否)

　　世位逢官應喜生，君占置貨必如心，公
平出入兼得利，相助應教有貴人。

【白話解說】

　　這次買賣可以順利，只要公平公正不求
大利，必有貴人相助，平安如意。

244 籤 (問投身官職)

　　八純之卦問跟官，財鬼逢沖事不安，莫
問別營運利好，只宜守舊可尋歡。

【白話解說】

　　如果想要進升官職，還是維持現狀較
好，另有所圖的話，並沒有什麼好處！

245 籤（問官司贏否）

　　告狀世旺又生官，君問官司理勢全，妻得貴人來助力，秋冬猶覺得喦權。

【白話解說】

　　這場官司我方站得住立場，又有貴人來相助；可以說主動權都在我，尤其在秋冬之季。

246 籤（問購買土地）

　　置田喦此卦為高，中證相逢定主交，祿位福神多健旺，又主詞情可相投。

【白話解說】

　　顯然是個好時機，若要成交還須透過中間人才行。如此雙方言語相投自然順利，而且能增添福氣。

247 籤 (問參選求官)

　　鬼爻持世可求官，百里千程得遂緣，舟
楫奇才因價重，管教時地姓名傳。

【白話解說】

　　不計艱辛的來謀求職務，但也因為自己
的才能，漸漸會獲得表現的機會，結果心想
事成。

248 籤 (問選舉提名)

　　納吏功名可費利，必須斟酌再三思，鬼
爻持世難成就，不得還防有是非。

【白話解說】

　　選舉這種事本來就要花費大筆金錢，而
且也很難達到目的，還得小心防是非。

251 籤（問尋找店面）

　　為因尋館去尋人，兄弟相爭有奪爭，若問別鄉猶可就，西南方上甚難成。

【白話解說】

　　家中兄弟不和有意見，在本地或是西南方難有成就，最好到外地去，才有發展性。

252 籤（問是非口舌）

　　是非口舌不須爭，福德神強保太平，自有貴人來喝散，任有好話總無憑。

【白話解說】

　　有是非不必太理會，自己行得正，自有貴人來主持公道，即使旁人說盡好話，對事情也不會有所展獲。

253 籤（問漁獲收成）

　　君問取魚任君心，逆水行舟走上風，安心穩守南方利，功成業就財利生。

【白話解說】

　　哪裡漁貨最豐富，應該要不辭辛勞的往前走，尤其在南方最適宜，按部就班，必能功成業就。

254 籤（問入贅適合）

　　入贅求婚要斟酌，鬼爻持世枉勞心，重重阻隔財遭劫，只可回頭別處尋。

【白話解說】

　　這支卦不妙，此事要量力而為，重重阻隔橫生；錢財遇劫難，最好換個對象比較好。

255 籤（問出外遠行）

出行占此不須疑，世位高兮應位低，世
剋應爻無阻隔，重重財喜遂心機。

【白話解說】

不錯！此卦對我有利，一切都順利平
安，也都可達成目標，財運旺盛如心願。

256 籤（問五穀收成）

歲晴半雨好年成，君問秋收快稱心，五
穀豐登無折耗，後來方許遂君心。

【白話解說】

收成如何，算是風調雨順，而且在市場
上又能獲得好利潤的一年，值得慶祝一番。

257 籤（問夢兆吉凶）

夜夢蹺蹊總不祥，須防有釁起蕭牆，三
思謹慎如神助，凡事饒人得久長。

【白話解說】

人與人之間的磨擦要預防，遇事謹慎小
心，退一步設想自然無事，得饒人處且饒人。

258 籤（問生育求子）

卦占求子許如心，福德重重子易生，數
好先天應不謬，辰年午歲產麒麟。

【白話解說】

沒問題，命中該有的就會有，不須去擔
憂！應該在辰午（龍、馬）年比較有可能得
子。

261 籤（問升學考試）

　　官爻生世好求名，升學占之許遂心，策論經書如勉勵，定教科舉有聲名。

【白話解說】

　　好險！這次成績差強人意，算過關了！不過往後要更努力，下個階段才有希望。

262 籤（問國家考試）

　　財破文書難上榜，子孫太旺又傷官，成舉二科端可望，今年科舉且寬心。

【白話解說】

　　這次考運難上榜，文昌被傷破，沒希望，盼下次有增加名額的機會才有希望。

263 籤（問招婿成否）

　　卦占招婿最為良，財喜重重福祿強，夫婦相諧多福壽，興家立業好呈祥。

【白話解說】

　　好事一樁，招婿結婚好姻緣，婚後財祿壽喜隨之而來，白頭偕老，門庭興旺。

264 籤（問尋醫求方）

　　醫憑福德可持身，福不來扶藥不靈，服藥無緣多楚楚，再逢扁鵲也難成。

【白話解說】

　　此乃心病也，生病求醫應先許願行善種福田，對病情的穩固較有幫助，若想要只藉藥物將病情醫好，不太可能。

265 籤（問催討債務）

　　取討資財此卦靈，託中求取事堪成，雖是月前多阻隔，遲遲方許有佳音。

【白話解說】

　　目前有困難，若想要現在討回債務是不可能的，早在月前就有了很多阻隔，但慢慢的就會好運連綿報佳音。

266 籤（問天氣好壞）

　　若問天晴天必晴，若詢不雨雨來霖，坎逢壬癸亥陰雨，要晴但看戌丑辰。

【白話解說】

　　天氣將開始轉變，是晴是雨就看：逢壬、癸、亥為陰雨，戌、丑、辰為晴天。

267 籤（問一生運勢）

命運何須問短長，喜君運限莫相商，雖然早運多成敗，特來應知福壽長。

【白話解說】

時也，運也，命運好壞自己最清楚，不必多問，年輕時大起大落，到晚年時來運轉，福壽綿長。

268 籤（問進修前途）

經綸事業聖賢書，讀書事業可堪圖，官臨世位文星旺，選入功名住帝邦。

【白話解說】

是好籤，基本上目前文星旺盛之時，一切是順利的，但要憑日後的努力才會有更大的發展。

271 籤（問徵人找人）

　　鬼爻持世未為奇，欲去尋人要見機，莫若待他來自就，四十七月可相期。

【白話解說】

　　很快就能找到，要找對方，不如想辦法讓他來找你比較快，而且很快就見效！

272 籤（問討小老婆）

　　今君娶妾來問卜，內外鬼爻要反覆，莫若須從前去尋，後產賢能多進福。

【白話解說】

　　目前不可行，照這樣看目前人事紛亂難以定奪，須待水清魚現，雨過天晴之後再做決定。

273 籤（問婚姻感情）

　　鬼爻持世問多端，君問求婚卻不要，更且媒人不得力，一般說出兩三般。

【白話解說】

　　這個婚姻不妙，這樁婚姻問題重重，媒人費盡口舌卻使不上力，宜三思。

274 籤（問買賣成否）

　　財爻持世必高強，交易占之卦甚良，買賣看來俱遂意，三七十一見禎祥。

【白話解說】

　　好棒喔！這次交易順利無比，在三月、七、十一月成交的機會很高，情況會愈來愈好。

275 籤（問和解狀況）

兩爻財盛來生世，和事須知遇貴人，唯向東南祈兆去，財能陞位得千金。

【白話解說】

可以解決，此事還須中間人和事佬來擺平，貴人應向東南找，而且也有意外的收穫。

276 籤（問升遷機運）

官鬼文書兩字明，知君官爵得高陞，雖然當道些微阻，管取春來沐聖恩。

【白話解說】

雖然自己升遷的勝算最高，但是卻有些阻力，還須等待冬去春來，方能撥雲見日。

277 籤（問懷胎生產）

六甲占之不遂心，許其香願保娘身，只
待嬰兒離母腹，自然福壽永康寧。

【白話解說】

此時來占，依卦象來看懷孕狀況並不順
利，宜燒香許願求平安，才能順利生產永安
康。

278 籤（問買官順否）

卦占納監問神明，福德星強喜氣臨，雖
是眼前多阻隔，東西遇貴得前程。

【白話解說】

買官這件事情還是大有可為的。只是
目前有很多阻礙，不妨往東及西邊找貴人幫
忙。

281 籤 （問借錢順否）

　　兄弟妻財兩見奇，與人借貸得便宜，幾番財利遲遲有，目下猶未合事機。

【白話解說】

　　借不到錢，想要佔得便宜事，並不是那麼容易就可以碰到！目前應該還沒有機緣。

282 籤 （問賭運如何）

　　賭錢占此只平平，世應相生事有靈，利息不多財許穩，四七十一走佳音。

【白話解說】

　　這次賭錢平平而已，並不會賠本但也沒有太多好處。等到四月、七月、十一月或許會好一點。

283 籤（問返鄉時機）

回鄉占此未為宜　，後有迍邅多是非，
且安身心休妄動，不依數斷有差池。

【白話解說】

還不是回鄉的時候，最好延後一些時
日。不要不聽規勸硬要回去，會有很多是非。

284 籤（問祖墳風水）

君占風水主安寧，左右來龍最有奇，財
福興隆各發達，人丁強壯樂昇平。

【白話解說】

好棒喔！地點選得不錯，後裔興旺、財
祿豐盈；若能佈施、行善更佳。

285 籤（問開店財利）

　　世高應下任君裁，開店占之定美哉，子亥夏春多利息，何須憂愁稱心懷。

【白話解說】

　　開店此時正是時候，不必擔憂，尤其是在春天、夏天、冬天就可得財利。

286 籤（問求財機會）

　　占問求財是稱心，東西路道正相應，雖然費卻心機力，利息終得百萬金。

【白話解說】

　　問求財是可以的！雖然過程會投入很多心力，但回報的利潤也是可觀的。

287 籤（問出借財物）

　　放帳應知要賺錢，兩重兄弟有些嫌，子孫雖是來臨世，只恐將來未必然。

【白話解說】

　　平平籤，最好是多考慮！雖然目前相處得很融洽，只恐將來會有變化。

288 籤（問買賣牲畜）

　　販賣六畜馬豬羊，時運來時百事昌，且待北方財帛在，東西南方未為強。

【白話解說】

　　目前是不錯的購買時機，時運來時，百事順利；往北方發展，獲利將比其他方向來得多。

311籤（問押解人犯）

解人占此百無驚，官鬼文書兩字明，當道貴人應有助，先須勞碌後安寧。

【白話解說】

押送過程沒有什麼驚險，而且遇到貴人鼎力相助，先前較勞碌爾後平安。

312籤（問合夥吉凶）

子孫持世卦為吉，合夥占之多利益，同心合作伴生涯，有始有終無損失。

【白話解說】

這次合夥多利益，只要大家同心協力、有始有終，還是很有發展的機會。

313籤（問失物找回）

　　鬼爻持世賊人強，失物西南空自忙，尋
覓勸君休急促，花費錢財亦難防。

【白話解說】

　　小偷很厲害，東西在西南方遺失，勸你
不要急著找回失物，否則只是在浪費時間而
已。

314籤（問親人信息）

　　天雷無妄問行人，財應初爻主到臨，交
子巳亥即可望，預期辰子有佳音。

【白話解說】

　　出門遠行的親人是否平安，要等到子、
巳、亥日可望有消息，待辰、子日就會有好
佳音。

315籤（問一技之長）

手藝求財卦不宜，應逢官鬼有憂疑，交秋方許遂心願，三季無財要見機。

【白話解說】

想要學手藝或兼差求財，目前時機不適宜。等過些時候，秋天時，再見機行事，才有獲利。

316籤（問家宅風水）

家宅平安百事宜，貴人得力有扶持，雖然小日多災晦，財祿豐盈百事依。

【白話解說】

目前住家一切平安，雖有一些小災厄，百事順暢，而且得到貴人扶持；財祿豐盈、百事順利。

317 籤（問壽元劫數）

　　鬼神持世應逢凶，聚散無常事不同，君問年壽當應許，福壽齊眉老令公。

【白話解說】

　　這支卦看來不太妙，人的生離死別總是變化無常，只要清心寡慾，不貪不忮，自然福壽綿長。

318 籤（問走失信息）

　　家人失走定須尋，自有鄰人報信音，亥卯未臨方有卻，目前不見莫生嗔。

【白話解說】

　　目前不要太心急，大概在春天或亥、卯、未年、日或（時），自然會有相識之人報音訊。

321 籤（問賭運如何）

賭錢未必遂君心，定費心機不順情，內外兩爻無利益，更防失脫莫胡行。

【白話解説】

最好還是不要去賭；費盡心思又不順利，更需預防有差錯！宜三思。

322 籤（問買賣牲畜）

販賣六畜問財源，世應逢沖事不然，雖見欲成還隔阻，買成之後不周全。

【白話解説】

論這次的買賣，目前不是購買的好時機，不但過程中會有阻礙，而且會有是非口舌。

323籤（問開店財利）

卦占開店許君開，福德交臨廣進財，本少利多交易好，貴人騎馬自天來。

【白話解說】

可以開，是個本少利多的好生意，福德雙美，財源廣進，而且時運相濟，貴人多助。

324籤（問出借財物）

放帳應知事有虧，不如不放得便宜，應高世下人強我，凡事三思要見機。

【白話解說】

不妙啊！這件事還是作罷，情勢對我並不是有利，而且也有損失，凡事要三思而後行。

325 籤（問祖墳風水）

世高應下最為強，風水占之大吉昌，左右龍虎皆擁護，明堂高闊煥文章。

【白話解說】

地理環境 good！從各方面來說都是很理想的。左右護衛，明堂開闊，可出文章俊秀之人，而名聲遠播。

326 籤（問借錢順否）

財爻上卦最為宜，欲借錢財不必疑，若在秋冬多不吉，如逢春夏利相依。

【白話解說】

可，向別人借錢目前是最好時機，尤其在春夏是最好的時間點，若是選擇在秋冬時節，可能難以如願。

327 籤 (問求財機會)

　　君占此卦問求財，秋夏來臨不用猜，若是九流並雜術，許君財物兩相諧。

【白話解說】

　　在夏秋兩季來投資是可行的，如果是投資一些投機性的商品或事業會有不錯的收入。

328 籤 (問返鄉時機)

　　鬼爻持世要商量，君問回鄉可的當，依卦不如莫妄動，春去夏來保安康。

【白話解說】

　　目前最好再考慮清楚，不要妄動。目前不是妥當的時機，等到夏天到來時，再決定回鄉可保安康。

331 籤（問是非口舌）

　　是非口舌最難當，官訟虛驚有一場，世
尅應爻須我勝，還須謹記免刑傷。

【白話解說】

　　口舌是非本身就很傷神；可能會進入訴
訟，只是虛驚一場，應該會勝訴。得饒人處
且饒人！不要故意去傷人。

332 籤（問生育求子）

　　中年生子有刑傷，目下須知當弄璋，卦
見兩沖終有合，茭荷晚景吐秋香。

【白話解說】

　　年齡是大了一點，中年得子後，身體上
會受到一些傷害，但也可以遂心願生男孩，
到晚年運氣更好。

333 籤（問出外遠行）

世應相生無罣礙，出行占此主平安，春時略忌旁人算，秋末冬初遇貴緣。

【白話解說】

出外求財大致上可以的！春天要小心旁人算計，秋末冬初則有貴人相遇，一路平安順利。

334 籤（問夢兆吉凶）

夢寐之間作鬼述，許多心事累心機，全虧自己星辰旺，直到春來百事宜。

【白話解說】

壓力太大了，這都是自己心思太重，還好自己運勢旺，等到來春就萬事皆宜。

335 籤（問入贅適合）

入贅求婚事可為，夫妻魚水兩和諧，外家得此乘龍婿，舉案齊眉福祿全。

【白話解說】

答應吧！此事是可賀喜的，夫妻和睦，福祿雙全，各方面都搭配得很完美，是好姻緣。

336 籤（問尋找店面）

重重拔薦好門牆，尋館占之得吉昌，世應兩爻皆相合，剛柔相濟有何妨。

【白話解說】

找店面，有人會來促成此事，是很順利可以完成的。而且在此做生意，財源滾滾來，是一個理想的經商地點。

337 籤（問五穀收成）

　　卦中許你半收成，且得文昌兩字興，水少旱多宜粟豆，禾苗必待晚收成。

【白話解說】

　　收成並不是很富足而且又慢，可以考慮一些抗旱的作物，如粟、豆之類的農作物較好。

338 籤（問漁獲收成）

　　君因取魚問卜靈，水內經營有財源，求謀順利向東方，管教層層不脫空。

【白話解說】

　　問漁貨則要費點腦筋講求方法，而且往東方去是比較有利的。

341 籤（問討小老婆）

　　娶妾欣逢此卦爻，妻財臨世最為高，夫
君芝蘭叶夢吉，螽斯衍慶且榮華。

【白話解説】

　　可，再婚之事一切順利自然，事成之後
夫妻和諧，子孫滿堂幸福融洽。

342 籤（問買官順否）

　　君占納監恐無成，子孫不顯枉費心，更
忌文書看重複，三思謹慎得安寧。

【白話解説】

　　恐怕會白費心機，自己把這事情看得太
簡單了！最好靜下心來謹慎斟酌才好。

343 籤 (問和解狀況)

　　坎卦之中可圓融，君問和事可能通，折
獄片言利九月，執中公道兩無容。

【白話解說】

　　這次的和解，雙方只要各讓一步、客觀
公正的來處理，應該沒有問題。

344 籤 (問懷胎生產)

　　六爻臨卦占孕育，財鬼重重有虛驚，十
月之間寅午利，也須作福保安寧。

【白話解說】

　　依卦象來看，孕婦會受到一些虛驚，要
到十月的寅、午日之後，一切順利，若多行
善、佈施，必保母子平安

345 籤（問買賣成否）

　　財爻上卦不為奇，交易占之事可依，春夏之間大吉利，秋冬總要不為宜。

【白話解說】

　　買賣時機上要注意一下。上半年春季及夏季比較理想；下半年的話最好緩緩！

346 籤（問徵人找人）

　　文書不見信難通，君問尋人也應空，人在東南得飽暖，遲遲方許有相逢。

【白話解說】

　　這時候要找到人可能很困難！人在東南的方向過得很安穩，若要相逢，也許還要等待一段時間。

347 籤（問升遷機運）

升遷之卦最為高，官鬼文書兩見交，丑未戌辰來好信，芳名著冊在銓曹。

【白話解説】

這次升遷已是十拿九穩的事了，丑、未、戌、辰月（日）的時候就有好消息。

348 籤（問婚姻感情）

求婚占此不為宜，財祿逢沖事不齊，猶恐媒人不得力，又兼旁人搬是非。

【白話解説】

姻緣不利，這椿婚姻不適宜，不但旁人搬弄是非，媒人在中間講好話也沒作用。

351 籤（問雇用員工）

六爻安靜辰星旺，討僕添丁事得當，不必多疑須作速，遲遲又恐尚遲遲。

【白話解說】

目前正是時候，徵求員工之事想要進行就要快，錯過時候恐怕又要等一陣子了。

352 籤（問選舉提名）

父母臨應破文書，官鬼休咎是未宜，今歲未能捐納吏，來春方許遂心機。

【白話解說】

這次在文宣上出錯，可能無法如願；不要強求，先準備周全下次再來就簡單多了。

353 籤（問官司贏否）

告狀占之枉勞心，欲告須知不順情，財
破文書官鬼伏，不如休息免災星。

【白話解說】

這次官司應該是告不成，還是打消念
頭，免得白費力氣又惹上麻煩。

354 籤（問參選求官）

求官最忌弟兄興，目下應知未稱心，財
破文書官鬼滅，滅交冬令始臨民。

【白話解說】

求官或參選最怕有其他親友競爭，入冬
後機會較大。目前恐怕還沒有機會，還要再
耐心等待。

355 籤（問投身官職）

世高應下喜盈盈，欲進衙門喜稱心，勞
速生育從此長，那時得濟造家庭。

【白話解說】

就去吧！應該是不錯的選擇，往後也有
不錯的發展。名利雙收，光宗耀祖。

356 籤（問家書音訊）

弟兄持世有文書，家信重重喜見之，亥
子丑交家信至，不須愁悶其人知。

【白話解說】

大概要到冬天或亥、子、丑日，馬上
就有消息了。傳信之人也是急著想要傳達消
息，目前就不用煩心。

357 籤（問購買土地）

　　福神持世守田產，占買田園大吉昌，應位逢財多利益，喜逢中證好商量。

【白話解說】

　　好地理，是個很好的卦象，最好還是透過中間人來撮合比較有利，將來會帶來好的財運。

358 籤（問買貨可否）

　　文書官鬼兩分明，置貨來占必稱心，出入財源三五倍，路行平坦不受驚。

【白話解說】

　　這批貨物很棒，這次買賣利潤相當不錯，而且過程也順利平安。

361 籤（問嬰兒健康）

天花兒郎何日強，子孫持世卻無妨，要
逢申酉方除厄，一服仙方便吉昌。

【白話解說】

沒問題，要問小孩得病何時可痊癒，須
先去看醫生遵循用藥。到秋天或遇申、酉日
（時）一服藥病就會好。

362 籤（問求職工作）

若問謀事都作難，意氣相投方可忝，夏
秋二季休提起，直到冬春方可全。

【白話解說】

最近找工作很困難，主要是要配合自己
的興趣與專長。夏秋兩季不要提謀事，待冬
春兩季謀事方可順利。

363 籤（問父母病情）

　　疾病纏綿父母身，鬼爻相應有精神，庚辛戊己災星退，作福祈神保安寧。

【白話解說】

　　目前不穩定，父母疾病纏身，若能行善積德對病情會有幫助，大約在庚、辛、戊、己日病情就會好轉。

364 籤（問兄弟分家）

　　此卦分家有是非，豈知守舊得便宜，應高世下多煩惱，且自忍耐免被欺。

【白話解說】

　　目前分家會有是非，還是守舊為宜！大家團結一致固守家園，共同抵擋外來壓力以及煩惱，免遭欺凌之苦。

365 籤（問病情狀況）

君占疾病有何妨，輕重星辰相見傷，作福祈神三煞退，庚申方許見安康。

【白話解說】

依所占的卦象來看並無妨，只因風濕引起之病；若能祈福拜神遠離煞星的沖煞，待庚、申日或秋天就可痊癒。

366 籤（問開會談判）

君來問會卦無妨，事未相投不要忙，再忌土煞來剋動，寅申巳亥百世昌。

【白話解說】

這次會談無法成功；先不要急，雙方要達成共識。目前還有些障礙，等到寅、申、巳、亥月（日）就不會有問題了。

367 籤（問搬家好嗎）

卦問移居事可為，應爻生世福神齊，目下讒言休要聽，移居之後有皈依。

【白話解說】

要問移居搬家時機成熟，不必理會他人勸阻。搬走以後才能招來福氣與財運。

368 籤（問購屋利否）

此卦多凶不順宜，須知買屋有差池，安心守舊休輕舉，切莫胡為惹事非。

【白話解說】

凶多吉少，目前買房子不適當，不如安心固守舊屋，以免將來惹上麻煩。

371 籤（問國家考試）

財爻持世破文章，官鬼休愁總不如，科舉占之終未穩，營謀斷許步雲梯。

【白話解說】

想參加公職考試不太可能考上，好好考慮一下，不如由別的地方去發展，如私人企業裡能發揮所長則更有成就。

372 籤（問進修前途）

讀書又許恩臨身，印綬相生得稱心，選入芹宮蒙作養，年逢水火得揚名。

【白話解說】

看起來不錯，多少的耕耘就有多少的收穫，宜再努力！水火的流年一定有所成就。

373 籤（問催討債務）

財爻上卦最為奇，欲去討債不必疑，即
在目下須作速，遲遲又恐不得齊。

【白話解說】

動身吧！討債目前正是時候！動作要
快，不要遲疑，錯過此時恐怕要不到錢了。

374 籤（問一生運勢）

榮枯得失皆由命，壽夭窮通總在天，欲
卜五行休息事，晚年命運勝中年。

【白話解說】

凡事命中注定，榮辱富貴唯人自招！想
藉由卜卦瞭解命運，總之晚年會比中年強。

375 籤（問尋醫求方）

醫藥無蹤且慢醫，鬼臨世位有蹊蹺，淹淹疾病遲遲癒，求去神藥不扶持。

【白話解說】

是需長期抗戰的慢性病，要痊癒還要一段時間，請耐心等待，不須求神拜佛，及用各種偏方。

376 籤（問升學考試）

恩成士業已升堂，選入芹宮姓氏香，小試宮廷求薦拔，文書端的射星光。

【白話解說】

考中了憑自己的努力，終於見到成果了！再繼續努力，會有更好的成就。

377 籤（問天氣好壞）

問卜天晴難許晴，庚辛申丑更傾盆，久晴問雨難求雨，久雨問晴未必晴。

【白話解說】

最近的天候陰晴不定，變化多端很難掌握！唯一較能確定的是在庚、辛、申、丑日將會下大雨。

378 籤（問招婿成否）

招婿占之事更佳，妻財子祿實堪誇，將來得此成家計，數卜先天定不差。

【白話解說】

好，這個女婿真是不錯，婚姻若建立在包容、接納及欣賞對方的基礎上，一定是幸福美滿。

381 籤（問訴狀贏敗）

鬼卜書辯要文書，名利占之百事宜，自有貴人提拔去，當官訴辯笑嘻嘻。

【白話解說】

訴狀寫得好，此事無中生有、誤會一場，自有貴人明察秋毫，無事保身。

382 籤（問產品收益）

鬼爻持世未為良，損失春蠶不大強，幸遇子孫來剋鬼，平平利益也尋常。

【白話解說】

此次收成中間有一些折損，能獲得的利潤恐怕不多，平平而已。

383 籤 (問出貨安全)

收解錢糧遇貴人，子孫臨應喜盈盈，中
途驚恐雖然有，祿馬扶持保太平。

【白話解說】

出貨中途會有些意外發生，但有貴人適
時來援助，還是平安無大礙的。

384 籤 (問生意投資)

占卦生意事不成，三番四復枉勞神，直
待秋深冬到日，隨心方許必然成。

【白話解說】

此卦不妙，目前還充滿變數、多波折，
可能要等到入冬之際才會有眉目。

385 籤（問文憑文書）

　　占領文憑須便有，日期應在亥子丑，貴人得力喜相生，管取文憑來到手。

【白話解說】

　　找貴人的相助會更順手，在冬天或亥、子、丑日（需查農民曆）應該就可以取得文憑。

386 籤（問有無貴人）

　　世剋應爻諸事難，君占見貴苦心煩，必交亥卯方和合，遇此方知空自忙。

【白話解說】

　　難，目前還是不樂觀，要等到亥、卯日或春天的時候才有機會，靜觀其變，免得白忙一場。

387 籤（問賣貨時機）

卦占脫貨心為高，貴客支持吉利招，要
脫應期亥子日，百謀皆遂永無勞。

【白話解說】

不錯，此卦對我是較有利。會遇到貴人
協助，應該是亥、子日的時候；一切平安順
遂，水到渠成。

388 籤（問動土宜忌）

卦象占來最為高，起造逢之利六爻，雖
是眼前多耗散，臨門財喜後多饒。

【白話解說】

卜這次的動土基本上是有利的，雖然目
前是有較多的消耗，但往後是財利豐足的。

411 籤（問買賣牲畜）

　　買牛買馬作耕乘，此卦占之遂許心，世應兩比財甚旺，牧牛騾馬事宜成。

【白話解說】

　　這次的買賣以目前來看是一個不錯的購買時機，只要順著心意去做，財運很旺。

412 籤（問返鄉時機）

　　君問回鄉許遂情，只因伴侶有娥增，率有貴人有助力，管教穩步到家庭。

【白話解說】

　　想回鄉可遂心願，而且家鄉有伴侶等待你回來，在回鄉的旅程會遇到貴人幫助，必能平安順利回到家。

413籤（問祖墳風水）

　　祖宗墳墓鬼爻臨，有水無風意不寧，雖有財星不藏聚，人丁可許利平平。

【白話解說】

　　如問這個祖墳只能算普通，有水無風。雖然有財，但不聚財，人丁還算平平。

414籤（問求財機會）

　　无妄求財終有望，世高應下兩重財，若逢三七十數內，自然方遂君心懷。

【白話解說】

　　此時求財投資是可以的，且條件對我方有利，但要等到三、七、十月以後才能定案。

415籤（問出借財物）

求占放帳不為奇，三思再思不可為，若是春間還有利，夏秋冬季有是非。

【白話解說】

出借在春季還有點利益，其他時節總有糾紛；總之還是打消念頭吧！

416籤（問賭運如何）

卜數占之好賭錢，應來生事不須猜，東西定位無心選，辰午之時白手來。

【白話解說】

賭博投機還是不行，一不小心還會落入圈套，不宜貿然行事。否則到辰、午之日，將會人財兩空。

418籤（問借錢順否）

官鬼兄弟兩見之，問人借取得相宜，三分財氣可應許，目下相求事可知。

【白話解説】

向別人借錢三成沒問題，大概只能借到所需的十分之三，想多借也不太可能。

418籤（問開店財利）

君問開店事可為，爻中經營沒是非，四季不如春季好，遂心財喜事相宜。

【白話解説】

ok 的，開店的事情是可以去進行，而且也不會有什麼麻煩事，不過還是在春季比較適宜。

421 籤（問產品收益）

　　君問春蠶意若何，鬼爻臨應損傷多，誠心祈禱平平利，切勿貪多更損和。

【白話解說】

　　今年可能會有一些虧損，宜保守，誠心祈求平安，切勿太大投資以免折損。

422 籤（問動土宜忌）

　　世應相比最為吉，起造占之多利益，春秋二季任君為，如逢冬夏不為吉。

【白話解說】

　　問動土之事春秋之際是比較有利的，如在冬夏的話就不適宜。

423 籤 （問文憑文書）

　　人來問卜為批文，官鬼重重即日臨，兩
處貴人多得利，依然遂志笑顏開。

【白話解說】

　　求此卦應該有希望取得文憑，而且會遇
到兩位貴人的協助，一切順利完成。

424 籤 （問賣貨時機）

　　數占脫貨甚為高，妻財重重便見爻，兩
貴人來相助力，出門交易利多饒。

【白話解說】

　　這次買賣會有外來的助力幫忙，主動的
聯絡會有較多的利益，不妨好好規劃。

425 籤（問生意投資）

數中生意要經營，此卦占之得遂心，忙裡偷閒尋快樂，勝過他年十倍金。

【白話解說】

這趟生意既然跑不掉，就抱著敬業的心態去作吧！反正也有不錯的收獲。

426 籤（問訴狀贏敗）

數中訴辯不知情，暗處投明未必明，待到寅申巳亥日，文書發動笑相生。

【白話解說】

以目前還看不出會有什麼結果！待到寅、申、巳、亥日，自然水落石出會有好結果。

427 籤 (問有無貴人)

　　見喜占之卻有緣，應來生世世相生，重
重荐拔多吉利，情意相投笑語喧。

【白話解說】

　　自己與貴人有緣，再加上多方的推薦，
必能獲得賞識，在未來的發展上有極大的幫
助。

428 籤 (問出貨安全)

　　收解錢糧事有驚，還防雀角有相爭，如
逢冬季平平過，若待春時定有刑。

【白話解說】

　　這次出貨問題多多！主要還是來自內部
的問題，冬季還可以，春季一定有刑傷。

431 籤 (問選舉提名)

　　數占此卦兩文書，納吏占之也覺遲，今歲爻辭唯欠快，來年或把姓名題。

【白話解說】

　　要問選舉提名，現在來談似乎來不及了，早點準備妥當勝算機率是會較高的。

432 籤 (問買貨可否)

　　君占置貨少如心，世位逢傷恐不成，縱使成之無大利，不如守己免勞心。

【白話解說】

　　這次買賣，這個恐怕是不成，勉強買賣也是無利可圖的，不要白費力氣了。

433 籤（問投身官職）

　　欲進衙門近貴人，跟官無數樂欣欣，逢沖遇鬼多如意，已後成家利益身。

【白話解說】

　　這卦象會碰上貴人，不錯喔，不但能增進自己的人際關係，更可為日後打下根基。

434 籤（問購買土地）

　　置田占此卦為奇，福德星臨少是非，非糧差輕多利益，勸君早就莫遲遲。

【白話解說】

　　這筆土地利用價值很大，宜動作加快去進行吧！越早買越好，能從中獲取財利，衣綠豐足。

435 籤（問參選求官）

求官占此卦為奇，官鬼文書兩見之，木腳草頭人動力，夏秋兩季遂心機。

【白話解說】

此卦暗藏玄機，要動點腦筋；最好找姓葉的朋友幫忙，在秋夏兩季就能如願。姓蘇、范、蕭也有幫助。

436 籤（問雇用員工）

卦占未濟兩重財，進口添丁亦美哉，不論招奴並討僕，定知日後有和諧。

【白話解說】

現在招人，這個時候進行是有利的，不管增口添丁或招傭部屬，都會事事如意，安康和諧。

437 籤（問家書音訊）

家信深藏大有疑，親朋傳信未為宜，夏秋方許知端的，目下還當忍耐些。

【白話解説】

難完成，中間有人阻擋著，到底是因為什麼原因並不清楚；到了夏、秋天才能知道，目前宜忍耐些。

438 籤（問官司贏否）

卦占詞訟遂君心，告狀逢官不須驚，不必憂疑多進退，貴人得力有扶持。

【白話解説】

這次官司會有些波折困難，但也不須驚慌；只要進退得宜自會有貴人相扶。

441 籤（問進修前途）

　　鬼應文書來生世，讀書成就實無疑，占來定許業成就，木火之年折桂技。

【白話解說】

　　前途光明，憑自己的實力而言，當然不須疑慮。等遇木火的流年更能大放異彩。

442 籤（問招婿成否）

　　卦占歸妹未堪誇，欲占招婿有參差，若是今日圖容易，久後方知有怨嗟。

【白話解說】

　　這次招婿，長男配少女。非正配之婚姻，象徵前往有凶；所謂人無遠慮，必有近憂。

443 籤（問尋醫求方）

醫來尅病病無妨，可有靈丹即便良，始信仙傳醫國手，寅申巳亥保安康。

【白話解說】

可痊癒，你將會遇到專業名醫，可藥到病除，等到寅、申、巳、亥月後，會有所改變，身體會漸漸康復。

444 籤（問天氣好壞）

人間終日雨淋漓，天道陰陽沒定期，到底雨多晴日少，時逢三七九可除。

【白話解說】

氣候的關係，終日下雨，陰晴不定！下雨的機率還是多一點，若逢三、七、九日就會是好天氣。

445 籤（問一生運勢）

君問窮通不必疑，將來造化卻何如，十年好運才行起，家富人康百事為。

【白話解說】

好好把握並回饋予世間，好運自此才開始，十年後好運到來，時運相濟，則萬事如意，福祿雙全，健康平安。

446 籤（問國家考試）

要財持世剋文書，科舉占之事不如，雖是入場無阻隔，只因當道有堪虞。

【白話解說】

不妙耶，就算費盡心機可以去應試，但是結果早有人安排好了，恐怕難以成事。

447 籤（問升學考試）

官鬼持世必超群，升學占之遂稱心，行遠登高從此起，他年還許步青雲。

【白話解說】

文昌君駕臨，不錯的成績，功名的開展亦由此開始，往後還有更好的前景。

448 籤（問催討債務）

取討資財兩見之，只宜急速不宜遲，三分財氣時方許，七分財氣尚遲遲。

【白話解說】

要討債宜快不宜遲，現在只能要回十分之三而已，尚有部分很難要回來，若追討時機再差遲，情況會更加嚴重。

451 籤（問買官順否）

　　君占納監不如情，官鬼重重卦不寧，財旺生官終有望，不宜急迫且稍停。

【白話解説】

　　買官早晚會有機會的！目前不要急躁妄進，操之過急，欲速則不達；耐心靜候良機，方為上策。

452 籤（問婚姻感情）

　　求婚占此十分宜，二姓交孚兩得之，財喜重重多福壽，早當成就莫遲延。

【白話解説】

　　看來是一椿金玉良緣，相親相愛的婚姻，宜早日成婚，婚後雙喜臨門。

453 籤 (問買賣成否)

　　交易占之事可為，成交之後有差疑，六
爻無鬼終須就，若在春時更可奇。

【白話解說】

　　買賣交易過程中雖有些枝節反反覆覆，
但最終還是可以完成的，尤其是在春暖花開
的時候。

454 籤 (問升遷機運)

　　六爻官鬼有分明，財動生官事可憑，當
道有情求助力，冬初秋底有殊恩。

【白話解說】

　　問升遷應該會有希望！還是要尋求一些
助力才行得通；如在秋冬之際會有意想不到
的發展。

455 籤（問懷胎生產）

　　子孫旺相助妻財，子母夫妻兩得諧，寅午戌爻音信至，平安孕育保無災。

【白話解說】

　　問懷胎之事依卦象來看，懷孕狀況到寅、午、戌日就會好消息，且平安孕育無災難。

456 籤（問討小老婆）

　　娶妾占之卦伏藏，妻財不見子孫傷，綠衣黃裡休顛倒，免被旁人話短長。

【白話解說】

　　娶妾之事不妥當，若硬要納妾會引起閒言閒語，宜三思。

457 籤（問徵人找人）

尋人何必苦追尋，消息雖真不得知，只
恐旁人來做鬼，虛心實意枉奔程。

【白話解說】

現在先不要急著找人！消息是真是假不
得知，又怕別人從中搗蛋，白費工夫一場空。

458 籤（問和解狀況）

欲占和事稱君心，世應比和事可成，只
恐一人來做鬼，喜逢原被要和平。

【白話解說】

和解不會很困難！雙方只要有個台階可
以下，事情就可圓滿解決。

461 籤（問合夥吉凶）

　　子孫持世最為宜，合夥經營事可期，目下雖知無大利，遲遲財喜自相宜。

【白話解說】

　　合夥之事雖然眼前沒有太大的利益，只要努力、正派，最後自然順利成功，財利旺。

462 籤（問走失信息）

　　走失家人來問卜，事當節但多不作，旁人啜哄出家門，遂遂追尋猶可捉。

【白話解說】

　　是有機會找到的，這是旁人有計畫性的，事不宜遲、趕快去找，或許還找得到。

463 籤 (問一技之長)

君占手藝要勞心，若得勞心事可成，冬末秋初多獲利，夏春財喜略平平。

【白話解説】

想要學手藝或兼差賺些錢，還需要多勞心費事才可成。在秋初、冬末會有不錯的獲利，在春夏兩季則獲利平平。

464 籤 (問壽元劫數)

君問壽年可長久，乃是南山松竹友，一生心地皆無差，兒孫對對福祿官。

【白話解説】

一生心地善良，行善佈施，財丁兩旺、福祿全，又懂得養生，必是長壽者。

465 籤（問親人信息）

君來占卜問行人，黃犬青鸞有信音，叔伯兄弟應亥子，子孫伴僕在寅申。

【白話解說】

遠行者是否平安，戊戌、乙酉日會有消息，叔伯、弟兄在亥、子日可到達目的地，子孫在寅、申日才可到達目的地。

466 籤（問押解人犯）

解人略忌有虛驚，行到中途要小心，春夏占之無大害，秋冬定占有傷刑。

【白話解說】

押解人犯過程可能會有虛驚，中途要小心。在春夏應行事沒什麼大礙；秋冬一定要小心，會有傷刑之事。

467 籤（問家宅風水）

家宅平安少是非，放心到底莫相宜，福神得力何須卜，秋季年冬利有期。

【白話解說】

看來目前的住家平安少是非，放心的住。而且得到福神保佑，秋冬二季之後事事順利。

468 籤（問失物找回）

失物之人枉自尋，賊人上卦莫思量，財當招見休生怨，財去人安百世昌。

【白話解說】

依此卦象來看很難找回失物，賊人的卦象很強，破一點財不要生怒氣，只要人平安、百事順暢就值得高興了。

471 籤（問求職工作）

謀事占之大吉昌，鬼爻持世小人防，時逢春夏多剝雜，走在秋冬財見高。

【白話解說】

求職占之大吉昌，但需防小人從中破壞。春夏兩季多雜亂，到秋冬兩季順利又財旺。

472 籤（問購屋利否）

久積青蚨買屋居，知君占宅數為宜，成家立業多財利，旺發人丁百世居。

【白話解說】

占買房子的卦象與時機不錯，對於成家立業有幫助，為財丁兩旺之吉祥風水。

473 籤（問病情狀況）

病犯星辰宜保之，傷寒時熱總難期，平安藥餌多多服，全仗神藥有扶持。

【白話解說】

依此卦的卦象來看，應是感冒、風濕所引起的疼痛。除就醫外需多做善事及祈求神明保佑。

474 籤（問搬家好嗎）

若問移居事可為，六爻無鬼沿之遲，妻財持世財星旺，以後應知利益興。

【白話解說】

以這支卦問移居搬家之事，目前是很好的時機，能財源廣進、有利益可圖。

475 籤（問兄弟分家）

分家占逢此卦爻，鬼爻持世莫徒勞，經營些小應收利，若是分家有禍招。

【白話解説】

依此卦看，目前不宜分家；不如合作經營一些小生意，反而有不錯的利潤，分家恐怕惹麻煩上身。

476 籤（問嬰兒健康）

君來占卜問天花，福德隨身定不差，縱有風波無浪起，吉星拱照喜哈哈。

【白話解説】

占小孩生病是否好轉，福德吉星隨身保佑。縱有一些風波，也不會造成災禍，而且會有一些吉星拱照。

477 籤（問開會談判）

會事來占不用憂，福神拱照必無愁，日
逢巳午方成就，戊戌庚申可遇頭。

【白話解說】

看來不必太憂心，冥冥中早有安排。只
要在東南方、南方，且在戊戌、庚申日相約
討論，必有福神保佑，順利平安。

478 籤（問父母病情）

子占親病事如何，病到臨危又復生，日
逢巳午痊癒好，從此無災過有秋。

【白話解說】

占父母的病情不用太擔心，逢巳、午日
或夏天病情就有起色，到秋天疾病就過去
了。

481 籤（問生育求子）

否極終須有泰來，數占求子遂心懷，六爻無破終須有，求神作喜產貴胎。

【白話解說】

問生育之事，否極泰來終可如願，宜多往佛堂大廟祈福，一定能夠喜獲麟兒生貴胎。

482 籤（問漁獲收成）

取魚須知志氣高，欲占長川釣巨鰲，幸得福神重重卦，東成西就樂滔滔。

【白話解說】

這支卦是收成卦，有很高的心志想成就一番事業，運勢也正在提升，所祈所求必能平安順遂。

483 籤（問入贅適合）

贅婿求婚事可為，財臨應位有皈依，只嫌卦內文書照，花則多移子結稀。

【白話解說】

這個對象，是不錯的人選，只不過往後雖會有財運興旺，但怕是人丁單薄的現象。

484 籤（問五穀收成）

種田難許大收成，雨少晴多雨不均，早禾不如晚禾好，他時方信卦通靈。

【白話解說】

這次收成不是很看好，因今年雨並不是很均勻。秋天收成不好，早點收成不比晚點收成好。

485 籤（問夢兆吉凶）

夜夢顛倒不必憂，只因多利在心頭，紛紛人事難同願，待到春來始遂求。

【白話解說】

不要得失心太重，況且目前也不是很順遂，等待來春就會好轉了。

486 籤（問是非口舌）

是非口舌也須防，破好終須有一場，凡事休強須退步，饒人一著最為良。

【白話解說】

是非口舌之事早晚都要碰到，不過還是忍讓為宜；所謂退一步海闊天空，反而對事情比較有幫助。

487 籤（問尋找店面）

　　父母重重舉薦多，知君求館問如何，子孫持世多財利，賓主相投似錦羅。

【白話解說】

　　找店面之事應有很多人幫忙，而且與對方也會有不錯的互動關係。

488 籤（問出外遠行）

　　此卦君來問出行，鬼爻持世有虛驚，徒然跋涉無些利，奔走勞苦枉費心。

【白話解說】

　　此次遠行最好考慮一下，出外會有些虛驚，而且東奔西跑最後還是徒勞無功。

511 籤（問動土宜忌）

　　起造占之福德饒，八純乾卦最為高，興家立業從今起，富貴榮華在後招。

【白話解說】

　　動土占之大吉大利，此次建造之宅，適合任何人、任何行業，富貴榮華福運來。

512 籤（問出貨安全）

　　子孫持世有扶持，問解錢糧無是非，驚恐有些無大害，完官得意喜歡歸。

【白話解說】

　　這次出貨基本上是平安的！雖然會有些虛驚，但還是可以完成任務。

513籤（問生意投資）

官鬼文書兩字諧，若問生意不必挨，貴人應有扶持力，目下許君七分財。

【白話解說】

問投資還算是可以的不必太擔心！雖沒很好的利益，仍有七成的財運也不錯啦！

514籤（問有無貴人）

卦占見貴十分全，出入求榮果有緣，魚水相投多契合，東成西就益財源。

【白話解說】

貴人卦，這是十分有利的卦，雙方很有機緣遇到，如魚得水的往上發展，事事順利財源廣進。

515 籤（問賣貨時機）

文書臨應喜相生，脫貨求財必稱心，戊
己來臨方可遂，如逢寅卯且稍停。

【白話解說】

在時機上應該沒有多大的問題，逢戊、
己日時才可成交；不妨暫且觀望，最慢不會
超過寅、卯日。

516 籤（問產品收益）

世喜應外未為良，蠶事勞勞不大強，幸
得福神來上卦，收成一半可平常。

【白話解說】

問產品收益，依卦象來看並不樂觀，
幸運福神保佑來的上卦，也只能有一半的收
成。

517 籤（問訴狀贏敗）

卦占訴辯不知情，勉強行之定有刑，待得秋來可分剖，目今忍耐莫生嗔。

【白話解説】

問訴狀，現在先保持沉默，話多反而會失敗。秋天到來才可翻案，暫時還要忍耐。

518 籤（問文憑文書）

文書應世應相生，欲領批回可稱心，戊己庚辛方入手，如逢寅卯且稍停。

【白話解説】

目前不必太急，不可能在寅卯日或春天拿到文憑，也不必擔心，至少在戊、己、庚、辛日或夏天就可取得文憑。

521籤（問漁獲收成）

　　取魚精通可立身，釣船湖海顯高明，自強不息功夫妙，到手隨身利益增。

【白話解說】

　　一步一腳印，要有多少本事，才會有多少收穫，這是千古不變的道理。

522籤（問出外遠行）

　　此卦應世不比和，出行還記有差訛，秋冬之後才順利，春夏之時憂慮多。

【白話解說】

　　目前不宜遠行，春夏有些差錯，不宜出外，秋冬之後才會較順利一點。

523 籤（問夢兆吉凶）

官鬼妻財兩事週，夢魂顛倒不須憂，一時謹慎無煩惱，困守清貧可自由。

【白話解說】

請安於現狀，不要因為想改變什麼而去算計太多，徒增無謂的煩惱，安於現狀反而輕鬆自在。

524 籤（問尋找店面）

世應守空未為良，君來占館莫空忙，勸君休聽旁人語，直待年末再主張。

【白話解說】

目前不要急著去找店面，也不要誤信讒言，等到明年再打算吧！

525 籤（問五穀收成）

　　澤風大過兩重財，若問收成實美哉，旱
少雨多禾稻穩，高低兩處並無災。

【白話解說】

　　豐收之年，雨水充足的一年，收成也是
很好的。尤其稻米收成穩定，不論高處或低
處都不會造成災害。

526 籤（問生育求子）

　　子遲子早命中招，且自安心不用焦，目
下有求難遂意，海中高樹有仙桃。

【白話解說】

　　很難耶，目前可能無法如願，命中注定
的也強求不來；宜多行善、佈施多往佛堂大
廟祈福。

527 籤（問是非口舌）

是非雖有不為凶，有水無風總是空，只
管安心休畏懼，自然消散得和同。

【白話解說】

這次誤會爭執並非壞事，只要大家願意
平心靜氣面對問題，怒氣會煙消雲散，事情
就能夠解決。

528 籤（問入贅適合）

入贅占之喜氣濃，財逢妻子兩星榮，他
年管教成家業，少婦齊眉直到終。

【白話解說】

還滿適合，郎才女貌、門當戶對。宜盡
快結婚，且可白頭偕老，可喜可賀之姻緣。

531 籤（問婚姻感情）

　　鬼臨世位剋妻財，若問求婚事未諧，須
到秋冬另有急，自者好緣遂心懷。

【白話解說】

　　不適當，這樁婚姻不適當，雙方不能協
調，需要秋冬時另找對象，自然會有好姻緣
如心所願。

532 籤（問和解狀況）

　　和事占之不吉祥，弟兄持世難商量，交
冬方得遂心意，若在春秋有刑傷。

【白話解說】

　　談和解嘛，事情變得有些複雜；最好冬
季開始再來處理，其他時節切勿妄動。

533 籤（問懷胎生產）

子孫持世子星明，孕產多應喜氣生，母子俱安無足慮，數中保汝得安寧。

【白話解說】

問這一胎生產過程會怎麼樣，胎中小孩很健康，過程都一切順利，母子均安。

534 籤（問徵人找人）

應來剋世問尋人，子丑亥日定有因，不必憂心空費力，遲遲自得返家庭。

【白話解說】

不要為找人之事擔心，雖然在子、丑、亥日之前還沒有找到亦不必擔心，再過一些時候會自動回家來。

535 籤（問升遷機運）

　　君占此卦問升遷，怎奈文書爻不全，冬令喜神多謀幹，夏秋猶恐有遲延。

【白話解說】

　　目前談升遷好像有點困難，很多條件上都不是很成熟，春天時去試試或許希望大一些！

536 籤（問買官順否）

　　未濟之中終有濟，君占納監不為奇，雖然目下難遂意，管教秋冬願可期。

【白話解說】

　　逐步看漲，以目前處境而言並不是有利的，多做準備再過段時間看看。

537 籤（問討小老婆）

娶妾原貪美貌才，到家只恐不和諧，不
如丟過遲已娶，自有佳人送子來。

【白話解說】

不行的，因貪戀美色而娶妻，日後生活
恐不和諧，不如再過些時候，自然會遇到合
適的佳人。

538 籤（問買賣成否）

交易占之晉卦爻，應來生世許成交，若
占利源秋季旺，百世相生福祿昌。

【白話解說】

問成否，這次的買賣，對方態度會主動
些，應該可以達成交易，尤其在秋冬時節財
利最旺。

541 籤（問購屋利否）

　　買屋占之事可依，只宜速置不宜遲，春
秋恐被旁人奪，夏季占之必定宜。

【白話解說】

　　問購屋時機，現在夏季看中的房子必定
可買，拖到明年春季以後，恐怕又被他人買
走。

542 籤（問父母病情）

　　父母得病把卦占，許福求神或可延，年
逢七九休歡喜，兼收妙計始無尤。

【白話解說】

　　父母到七十九歲以上得了病，情況就不
樂觀，除了多加小心之外，最好祈福求神，
則可增壽保平安。

543 籤（問兄弟分家）

應識分家後有收，自然得利不須愁，福神旺相臨門戶，財利滔滔無怨尤。

【白話解說】

談分家，目前正是分家的時機；分家後自然會得到福神、財神的保佑，財利滾滾。

544 籤（問開會談判）

福神不遂事難全，同會不安事有然，但是目前難就急，可交同氣共相連。

【白話解說】

好像貴人不現，會商協調之事恐難成，目前不宜心急，靜觀其變，待得共識後才會有結果。

545 籤（問搬家好嗎）

欲問移居許稱心，不移當有是非生，吉星應在東南位，家業田園百事亨。

【白話解說】

再不搬走就有糾紛出來了，應往東南方搬，如此家庭、田產都能萬事吉亨。

546 籤（問求職工作）

卦占謀事甚踦蹊，義氣相投財可交，若能遂意臨門戶，管教財利日日招。

【白話解說】

占此卦對工作有些阻礙，工作需配合自己興趣與專長，一旦工作後財運通達無阻。

547 籤（問嬰兒健康）

　　君占子病可吉凶，是災星臨命宮，非神保佑難為力，猶宜急禱祈神仙。

【白話解説】

　　依此卦看來，關於小孩生病，除了接受專業醫療照顧外，宜速至大廟或佛堂祈求神佛庇佑，貴人自然出現。

548 籤（問病情狀況）

　　君占疾病事無妨，福德天醫不順祥，可去求神並作福，遲遲方許得安康。

【白話解説】

　　問病況，依所占卦象：此病情無妨，只要去求神拜佛祈求保佑之外，多行善積德，過些時候就能平安健康。

551 籤（問招婿成否）

　　招婿占之枉費心，子孫受剋已無情，若
還應重龍子選，方許成家立太平。

【白話解說】

　　此回談招婿不盡理想，子孫星相剋無
情，最好多加考慮。

552 籤（問催討債務）

　　占問討債事遂心，從今財物自然增，求
謀遂意無攔阻，申子辰日見祥正。

【白話解說】

　　本次討回東西應該順利，而且也有些利
益在裡面，申、子、辰日就知分曉了。

553 籤（問一生運勢）

命運何須說細詳，眼前造化已非常，再能積德行方便，子子孫孫福祿長。

【白話解說】

以一生運勢言，眼前所擁有的已彌足珍貴，如能再多行善、多積陰德則更能澤惠子孫，福祿綿長。

554 籤（問升學考試）

應來生世喜非常，升學占之定有功，上下貴人皆得力，管教拔選入鸞宮。

【白話解說】

以占升學考試，這次應該沒有問題，而且會遇到貴人有利的幫助，順利達成願望。

555 籤（問天氣好壞）

欲問天晴天不晴，東南方上有青雲，若還問雨寅申見，雨少晴多卦有靈。

【白話解說】

要問最近有沒有機會下雨，在東南方會有烏雲產生，要等寅、申日才會下點雨。

556 籤（問進修前途）

世應重重兄弟存，子孫臨應可施行，讀書修己功夫進，學業才高自顯明。

【白話解說】

問前途，想要讀書有進展，必須先修身養性、勤學真誠。自己的才名還是要靠自己的實力去彰顯才行。

557 籤（問國家考試）

　　子孫宮破文書破，科舉占之恐不如，子
午之年始得力，今日休問貴高低。

【白話解說】

　　對這次考試準備還不足夠，子（鼠年）、
午（馬年）之年會較有希望，努力還不夠！

558 籤（問尋醫求方）

　　迎醫行事兩利同，應世平平病不凶，觀
我終身君子道，須知不藥自然通。

【白話解說】

　　如要找到好的醫生應該沒問題，要注意
生活作息及愉快的心加上慈悲行善的心，病
就能不用重藥而癒。

561 籤（問返鄉時機）

君占此卦要回鄉，程途迢遙有損傷，若
在秋冬莫妄動，夏春二季也平常。

【白話解說】

這一次的返鄉會有一些損傷，秋冬勿動
為宜，選擇春夏二季較好，但是仍然要小心。

562 籤（問開店財利）

卦占開店不從心，勉強開之必有驚，若
是不開切莫勸，須知貪戀少收成。

【白話解說】

不太妙，開店做生意有很多條件不很成
熟，勉強為之是會有問題，況且唯利是圖，
難免少成多敗。

563 籤（問出借財物）

放帳占之必有收，財爻鬼變主憂愁，弟
兄兩見財無旺，算本還頭莫妄求。

【白話解說】

此次出借，大致是平平而已，能保住本
金已經不錯了！利潤可能不多，不要貪求，
而徒增憂愁。

564 籤（問借錢順否）

官鬼妻財兩見之，問人借取定便宜，求
謀遂意無攔阻，一任施為喜可期。

【白話解說】

借錢一定順利，且可獲得較便宜的利息
而無阻礙，可以放心去借錢。對方願意幫你
忙。

565 籤 (問求財機會)

　　求財喜得貴人強，世應相收大吉昌，但是目前防有阻，遲遲方許遂心腸。

【白話解說】

　　談財利，對兩方而言都是有利的，但目前還是有些阻礙；要再等段時間一定能如你所願。

566 籤 (問買賣牲畜)

　　販賣六畜未為好，且有經營莫妄干，若妄買特恐失利，還防走失不周全。

【白話解說】

　　好像問題重重喔，目前不是購買的好時機，如果硬要買，恐怕會有所損失。

567 籤（問賭運如何）

賭博占之許稱心，應來生世喜相生，時逢亥子財星旺，一擲金錢得萬文。

【白話解説】

賭博不長久，但在亥、子財星正旺之時，會有很好的運氣。但投機並非好事，宜適可而止。

568 籤（問祖墳風水）

君占風水是非宜，前有空崛後有崎，辰巳乾龍方算美，其餘山向不為奇。

【白話解説】

看來這座祖墳風水不好，前面太空、後面崎崛，最好用巽、乾兩生向，其他山向都不太吉利。

571 籤（問走失信息）

逃去家人不必尋，子孫未現枉勞神，東南方上相安樂，細訪從容報好音。

【白話解說】

目前不用找。不必擔心，只要往東南方尋找即可，不用大費周章詢問，反而會浪費時間。

572 籤（問失物找回）

失財失物不須忙，躲在東南水井旁，巳亥有人傳消息，甲戊庚日見正祥。

【白話解說】

遺失財物不用急，應可在東南方的水井旁邊找到；在巳、亥日就有消息，待甲、戊、庚日有更詳細的消息傳來。

573 籤（問親人信息）

　　君占此卦問行人，人在他方未轉身，不歸來時無利息，還防冬上有虛驚。

【白話解說】

　　這位出門遠行的人，還沒準備回來。不回來反而比較好，不然可能在冬季會遇到虛驚之事。

574 籤（問家宅風水）

　　家宅平安福壽長，官鬼不現信無妨，三分利息秋冬見，春夏占之更喜揚。

【白話解說】

　　目前住家算平安宅，如果有投資理財，在秋冬二季就能收到三成的利潤，到春夏二季利潤更好。

575 籤（問壽元劫數）

平生勞碌用心機，早年刑剋可相期，老景豐衣可足食，壽年八十內外傳。

【白話解說】

還好啦，一生勞碌奔波，年輕辛苦、老年豐衣足食，壽命到八十歲左右，可謂苦盡甘來。

576 籤（問合夥吉凶）

子孫持世卦為親，合夥占之百事亨，財旺人和多喜色，管教日後好收成。

【白話解說】

此合夥，依卦象來看，合夥百事亨通，財旺人和多喜色，日後還會有很好的收成。

577 籤 (問押解人犯)

解人占之主和諧，雖是奔波可放懷，只
恐纏綿延歲月，交還便得貴人來。

【白話解說】

此次押解過程要和諧低調，雖然有些奔
波勞累及延誤，一定會得到貴人相助，順利
完成任務。

578 籤 (問一技之長)

子孫持世卦為昌，手藝高成可發揚，雖
是勞心並勞力，一年四季利汪洋。

【白話解說】

想要學一技之長來賺錢前途看好，因為
你的手藝高巧，雖然有些勞心勞力，一年利
潤還是豐盛。

581 籤（問買貨可否）

　　小人難許遂君懷，貪合逢官事不諧，置貨完交多利息，閑非口舌不可聽。

【白話解說】

　　是可行的；完成後頗有利益，不過不要胡亂聽信一些閒言閒語，則所求之事，必能順利達成。

582 籤（問官司贏否）

　　君占告狀稱君心，官鬼扶身事可成，若還見官有刑剋，勸君和息免憂災。

【白話解說】

　　對此官司，不要處心積慮的想要挑起事端，小心連自己也被牽扯進去。

583 籤（問參選求官）

　　求官未許遂君懷，貪合之官亦難諧，春夏兩季猶可勝，還得貴人好商裁。

【白話解說】

　　以參選來看，恐怕還是很難如意，等到春夏兩季才可順利，但還得要有貴人商量與相助。

584 籤（問家書音訊）

　　家鄉阻隔信音稀，眼望穿兒意莫遺，目下須知當見面，春初夏末是歸期。

【白話解說】

　　很久沒家鄉的消息，不知何時才能見上一面，今年春初、夏末也是回去的時候。

585 籤（問購買土地）

置田占此莫憂疑，管取田中利祿肥，休
得旁人爭買去，早當成就莫稽遲。

【白話解説】

好地耶，不須猶豫儘管去進行，不要耽
誤而讓旁人搶得先機，且能從中獲取利潤。

586 籤（問選舉提名）

財能破印子傷官，納吏占之事未安，君
不見機應著惱，遲遲方許遂心懷。

【白話解説】

問能否被提名，現在還不是時候，各
方面時機都未成熟，再等一陣子應該有機會
的。

587 籤（問雇用員工）

　　君來問卜討家奴，永遠綿長後我多，目下閒言休妄聽，一心辦價莫教訛。

【白話解說】

　　要問雇用員工好嗎？總之，最好自己親自處理，免得中間有人搞鬼。

588 籤（問投身官職）

　　君進衙門恐不諧，只宜守舊自無災，若要妄想蠅頭利，定有刑傷費心懷。

【白話解說】

　　想要投身官職，依卦象來看不適當，宜固守舊工作，若想藉機獲利，定會惹上刑責受傷害。

611 籤 (問出外遠行)

世應比和萬事吉，出行順利無差失，春夏財利自然高，還占秋冬空費力。

【白話解説】

春夏出遠門是比較有利的，如果在秋冬兩季的話只怕是白忙一場。

612 籤 (問入贅適合)

鬼爻無氣未為歡，男女無情事不安，入贅求婚要斟酌，恐防日後不安全。

【白話解説】

看來不是很恰當，其實雙方意願不是很明確，入贅求婚的事考慮清楚，免得日後後悔。

613籤（問五穀收成）

君問秋收恐不多，勞心勞力枉奔波，高田不及低田好，富貴重重破損多。

【白話解說】

問此次收成恐怕不是很好，因為雨量少的關係，高田的收成不如低田好，應該考慮備用的水源。

614籤（問是非口舌）

樹正何愁月影斜，是非口舌不須嗟，貴人喝散何須懼，守己安然莫管他。

【白話解說】

談口舌是非，自己行得正哪怕別人亂造謠！把自己本分做好，其他自有公道。

615 籤（問尋找店面）

君來問卜為身謀，求館須知不到頭，無奈主人情性異，不如捨此再他求。

【白話解說】

你所問的這間房子，不過你和屋主個性不合，往後恐怕有些摩擦，不如另外再找吧！

616 籤（問漁獲收成）

君占捕魚利高強，欲知氣象定商量，風雨交加無防事，秋來有餘勝仲秋。

【白話解說】

看來有十足把握，但是多收集些訊息是不會吃虧的。等到有了共識再去進行會更好。

617籤（問生育求子）

　　求子占之尚未然，刑傷剋害見他年，將
來得子成家業，晚景安閒樂自然。

【白話解說】

　　想在這時求子，目前時機未到，而且
對身體會有刑傷剋害，中年以後較有機會得
子，且感情融洽快樂無窮。

618籤（問夢兆吉凶）

　　家不成兮業不就，夢魂顛倒成難剖，三
年後運興交成，利祿兼優齊相湊。

【白話解說】

　　依此夢境來看，目前很多現況都處於混
亂階段，三年之後再看時機是否成熟。

621 籤（問官司贏否）

　　卦中無鬼事難成，告狀知君不稱心，更忌兩重財暗動，不如忍耐且稍停。

【白話解說】

　　此官司勝率，時機還沒成熟；勉強去做也是白費力氣，不如稍待再等機會。

622 籤（問投身官職）

　　欲問跟官事不如，文書官鬼兩差池，回頭趕早成家計，免受刑傷空自吁。

【白話解說】

　　以目前條件本身不適合這條路發展；你的官運未到，趕緊回頭另謀出路，以免惹禍遭殃。

623 籤（問購買土地）

置田占此問端祥，置後財多利更長，都喜中人更有力，田財之後必高強。

【白話解說】

想購買土地嘛，這是個很好的田地，需要中間人多費心，保證將來利益高。

624 籤（問雇用員工）

子孫不上卦爻間，討僕占之事應難，世應兩空官鬼動，將來口舌有憎嫌。

【白話解說】

此人不適合，這事情其實雙方都不是很有意願，不要勉強為之，以免將來有憎嫌。

625 籤（問家書音訊）

　　家信遲遲未見來，要逢子午一音開，宅中皆無安穩事，盼望時時願早來。

【白話解說】

　　不用擔心，家裡消息要到了夏秋兩季或子、午日才會明確，其實家中並不好過，大家盼望的好運盡快來。

626 籤（問買貨可否）

　　置貨占之未遂情，應逢沖突有相爭，兄弟持世知難遂，如在春冬難占先。

【白話解說】

　　這些貨不妥當，雙方觀念就有落差了；很難有交集出現，尤其在春冬時節。

627 籤（問選舉提名）

　　納吏占之卦遇成，相世生應事無難，若
臨秋夏心多遂，如在春冬難占先。

【白話解說】

　　說到提名，基本上條件成熟就容易了，
秋夏的時候勝算較大，春冬兩季就有些波折
了。

628 籤（問參選求官）

　　鬼爻臨應喜相生，此卦求官必稱心，夏
季春時隨君意，秋冬略略欠如心。

【白話解說】

　　問此次參選求官順利嗎？春夏的時候比
較順利，如在秋冬就欠妥了。

631 籤 (問催討債務)

　　虛名虛利久沉沉，取討財物未遂心，癡心指望圖前進，待等運動鐵成金。

【白話解說】

　　催討無望、虛利而取回財物並不恰當，又癡心期待他人會實踐諾言而還債，是不可能的。

632 籤 (問尋醫求方)

　　急占忙忙卜請醫，應來生世不需疑，持身福德醫常致，必遇良醫愈有期。

【白話解說】

　　不錯的卦，請醫急著占卦，按卦象來看以福德、感恩、行善持世者，必遇良醫而痊癒。

633 籤（問天氣好壞）

離宮太旺太陰明，晴雨而今眼見晴，若是久晴還有雨，時逢甲子雨又晴。

【白話解說】

問天氣，晴天久了接下來就會有雨，而雨一直下的話，要等到甲、子日才會變晴天。

634 籤（問國家考試）

十年寄跡在寒窗，今日文章射斗光，科舉占之多遂意，此番斷許姓名揚。

【白話解說】

問考試機運，經多年寒窗苦讀，累積的實力終於能展現出來，只要小心應考，必能金榜題名。

635 籤 (問升學考試)

　　來占進學弟兄興，絕好文章見不明，一任細思空得意，運中不利枉勞心。

【白話解說】

　　目前考運不樂觀，因有很多強手競爭，雖然有好的文章才華，但會因一時的疏忽而枉費努力，徒勞無功。

636 籤 (問招婿成否)

　　招婿占之得乾爻，福祿妻財兩見支，未濟之中終有濟，晚年有靠此為高。

【白話解說】

　　看來，這樁姻緣不錯，雙方退讓一步必能順利，晚年必有清福。

637 籤（問進修前途）

　　鬼爻無位不為佳，學業占之未足誇，若
要讀書需命湊，財源方許擁烏紗。

【白話解說】

　　問未來，就業與讀書兩者似乎都不很順
利，要實踐想法必須考慮財源的問題。

638 籤（問一生運勢）

　　一世勞苦皆是命，數年勞困總有天，謀
而不遂休生怨，再過三春福祿全。

【白話解說】

　　問一生運勢，萬般皆有命，但努力終究
會有成果。再過三年，福氣、功名、財祿全
部都會來到。

641 籤（問失物找回）

失物失財不須焦，財去財來命裡招，寅卯亥子清見到，一輪明月照兩郊。

【白話解説】

你想問能否找回遺失財物不要急，財去財來命注定，待寅、卯、亥、子日會遇到好運來，錢財自然可尋回。

642 籤（問一技之長）

身旺財爻事志真，來占手藝得遂心，春夏二季平平利，一到秋冬利益增。

【白話解説】

真棒啊！你所學的一技之長合你興趣與專長，未來很有發展；春夏二季利潤平平，一到秋冬二季利潤大增。

643 籤（問壽元劫數）

少年不足遂心機，不覺風景有餘寧，若
問壽年多少數，花甲之春方可期。

【白話解說】

雖然少年不如意，到現在有相當年紀
了，感到歲月無情，問能活到幾歲，只要行
善佈施必可延年益壽。

644 籤（問押解人犯）

解人占此兩重爻，爻卦須記有功勞，幸
得貴人來助力，災非見過保安寧。

【白話解說】

押解人犯過程中是有些功勞的，而且會
得到貴人協助，一路平安順利。

645 籤（問家宅風水）

　　數占家宅最為高，興旺妻財喜見饒，小晦有些無大害，夏秋還有大財招。

【白話解説】

　　目前住家磁場非常好，事事興旺、妻財亨通。雖有時會有小小的不順，但並無大礙。春夏二季還有更大的財運機會。

646 籤（問走失信息）

　　人丁走失相先天，雨下無情難再連，命運寒時休妄想，百凡通達不須言。

【白話解説】

　　人一旦走失，很難能再找回來；就像雨一直下，太陽就出不來，天命如此，一切隨緣。

647 籤（問合夥吉凶）

合夥經營卦最宜，不須疑問聽凡心，春
秋二季財源穩，出入謀為百事宜。

【白話解說】

問合夥，不必懷疑與煩心，依計畫進
行，春秋二季財源就穩固，百事皆宜。

648 籤（問親人信息）

行人未見信音稀，財破文章事不諧，巳
亥寅申方有信，滿門財喜稱心懷。

【白話解說】

目前可能和親人無法聯絡上，可能他諸
事不順。到正月、七月才能傳來好消息，

651 籤（問父母病情）

六爻無鬼病難安，父母占之自不安，待到庚辛方漸減，也須調理才安痊。

【白話解說】

問病情，依卦象觀之，父母生病已一段時間。要等到秋天好好調理，就可以康復。

652 籤（問病情狀況）

君因目下病擔憂，世應逢官不必求，寅午戌亥方漸退，神前祈保可無愁。

【白話解說】

不是很順，目前病情較嚴重。最好在夏天的時候往南方、西北方祈求神佛庇佑，身體才會漸漸好轉。

653 籤（問搬家好嗎）

欲問移居不可疑，移時不見有高低，還
應安舊休勞碌，待到秋來得便宜。

【白話解說】

滾石不生苔，現在不宜搬家，暫時在原
地居住，等到秋天再搬比較適宜。

654 籤（問嬰兒健康）

孩兒有病不須驚，應下援身喜氣臨，良
藥能驅風小症，三頭四日即安寧。

【白話解說】

沒問題，小孩生病不須擔心，很快就有
良藥能對症，三、四天就可痊癒。

655 籤（問開會談判）

　　君占會事可如何，官鬼星明印位多，雖是綿綿難成聚，如逢子午得周全。

【白話解說】

　　本次協商談判，目前人多意見雜，難有圓滿結果，等到子、午月（日）再來會商，就有轉機。

656 籤（問購屋利否）

　　置產占之無不妥，文書官鬼兩相和，移家之後財源旺，二十餘年積聚多。

【白話解說】

　　現在購屋置產是一個好時機，將得到貴人的幫助。移家之後財源旺，會帶給你二十多年聚財旺運。

657 籤（問求職工作）

君占訴事問如何，官鬼臨應受折磨，卦內妻財全不見，時來方唱樂欣歌。

【白話解說】

看來目前工作不很順利，家人妻子都不太贊成你的決定，過些時候機會來時才會有收穫。

658 籤（問兄弟分家）

父母持世家團圓，分家占之事不全，再遇三栽福祿至，兄弟分財亦如願。

【白話解說】

目前說分家還不是時候，如果能延個三、五年後再來談，對兄弟大家都有好結果。

661 籤 （問出貨安全）

收解錢糧來卜吉，子孫持世沒虛驚，幸
君人事多般遂，利息平平得太平。

【白話解說】

此次出貨，只要人員安排妥當，不會有
事，還有一些利息，一切平順。

662 籤 （問文憑文書）

領文占之至先難，不破文書心不安，要
忌小人多阻隔，必須破費得周全。

【白話解說】

想取得文憑，一開始是困難重重，還要
防人從中阻撓；總之還是得花錢擺平。

663 籤（問賣貨時機）

　　卦占脫貨恐遲遲，財破文書事少緣，要忌小人來暗算，若還要破費周全。

【白話解說】

　　談此次出貨可能要拖延一段時日，尤其小心別人來暗算，賠了夫人又折兵。

664 籤（問訴狀贏敗）

　　世剋逢凶卦未知，欲知訴辯要防輸，稍為計施緩待客，待到庚申意自舒。

【白話解說】

　　目前不好，預防有敗訴的可能；目前行事謹慎些或緩一緩，等到庚、申日或秋天以後自然如意。

665 籤（問有無貴人）

　　財爻持世喜相投，見貴占之樂無憂，福祿重重無破綻，更逢春水漾春波。

【白話解說】

　　有貴人，只要你願意努力，貴人非常願意幫助你，春天來到時，幸運就會來到，必可心想事成。

666 籤（問動土宜忌）

　　起造占之百事諧，世爻無破任君為，田園六畜多興旺，任意作為不必疑。

【白話解說】

　　動土起造，此時來進行是吉利無害，且六畜興旺、家和萬事興。

667 籤（問產品收益）

君問春蠶頗稱心，內爻興旺得千金，其中官鬼沒防損，作福祈神便得真。

【白話解說】

問產品收益應該是滿順利的，只要各方面都有注意到了，就沒問題，所獲的利潤豐厚。

668 籤（問生意投資）

生意占之未見誇，鬼爻持世有參差，只宜謹慎加斟酌，等待來春方可佳。

【白話解說】

本次的生意投資，應該不如講得那麼好！還是要小心才是，等到明年春天再看看吧！

671 籤（問開店財利）

　　鬼爻持世卦為奇，開店占之事不宜，卦
內福神全不見，財爻無氣枉心機。

【白話解說】

　　無利可圖，現在開店實在是不適宜的，
其中看不到有什麼好處，不必枉費心力。

672 籤（問祖墳風水）

　　君占風水並無憂，龍虎相迎合巽乾，山
向有情兼大利，子孫永保福綿長。

【白話解說】

　　這座風水祖墳不錯，不但龍虎相迎，而
且山向有情，必能庇蔭子孫福壽綿長。

673 籤（問求財機會）

　　卦占求財欲解疑，兩人合意自相宜，亥子丑臨方可旺，一人主事有差池。

【白話解說】

　　要投資最好大家商量，不要操之過急。等到冬天的時候財氣正旺，最好合夥做生意，對你的往後比較有發展。

674 籤（問賭運如何）

　　財臨世位可稀奇，賭博場中事最宜，如遇秋冬防未穩，若逢春夏自能期。

【白話解說】

　　最好少賭，在秋冬的時候賭運還是有些不宜，若在春夏則比較好。

675 籤（問借錢順否）

六爻安靜最吉昌，借取銀錢要著方，春夏占之尚可求，如遇秋冬難濟急。

【白話解說】

一半一半，借錢也要看情形而定；春夏的話還有可能，秋冬時恐怕是有點不好借了。

676 籤（問返鄉時機）

回鄉占此卜為疑，我剋他人阻有誰，福德財爻俱上卦，路途平坦少憂疑。

【白話解說】

對於回鄉感到非常遲疑與擔憂，都是自己心理因素，非外力的阻攔。該回去就回去，路途平順。

677 籤（問買賣牲畜）

　　交易來占問價錢，妻財福德兩兼全，欲求六畜豬牛馬，生物相宜事有緣。

【白話解說】

　　對於這樁買賣，目前適合買賣，對妻財、福德都有幫助；不要太急，一切隨緣。

678 籤（問出借財物）

　　子孫持世旺財源，放帳占之利息全，財旺重重無欠缺，將來必定有歸完。

【白話解說】

　　關於這次的放款應該沒有問題，各方面來說都不會有糾紛，春夏較平，秋冬較佳。

681 籤（問和解狀況）

　　和事占之喜遂情，兩人公道得安寧，私和不若官和好，勉強和來恐不能。

【白話解說】

　　要圓滿和解最好由公證單位白紙黑字來解決，免得事後雙方又有問題產生。

682 籤（問買賣成否）

　　買賣難逢買賣人，欲占交易不如情，如遇春夏猶難就，若到秋冬保得成。

【白話解說】

　　可能很難成交，目前適合的買（賣）主尚未出現，在秋冬的時候才有機會。

683 籤（問升遷機運）

此數熒熒官鬼明，君占此卦問升遷，秋初夏末多權印，進祿加官可稱心。

【白話解說】

談升遷機會應該沒有問題的，在秋初、夏末的時候消息就會明朗化了。

684 籤（問討小老婆）

娶妾占之未可期，應逢隔角有憂疑，若還勉強求成就，管主將來有是非。

【白話解說】

想討小老婆，目前不是時機，千萬不可勉強去求和，將來恐怕有是非或困擾。

685 籤（問徵人找人）

世應比和且放心，尋人端許得相親，寅
申巳亥應宜獲，管取人財返家庭。

【白話解説】

想急著找人不會有問題的，在寅、申、
巳、亥方向或時間可以碰到人。

686 籤（問婚姻感情）

求婚占之不為宜，官鬼重重有是非，若
是重婚加外後，刑傷見過任君為。

【白話解説】

不太妙！此樁婚姻不適宜，已婚的對象
充滿了是非，恐發生災害造成傷害。

687 籤 (問買官順否)

　　地山謙卦鬼門臨，納監求官許遂情，夏季收成秋未可，秋冬貴助喜成名。

【白話解説】

　　看來 ok！以局勢來看是有可能的。不過想要達到目標，不僅要預先佈局，而且也需要多方面的助力才行。

688 籤 (問懷胎生產)

　　世應相沖卦未寧，妻宮子育有虛驚，時逢寅卯災星脱，保得母身子無驚。

【白話解説】

　　在懷孕過程有虛驚，不過到了春天或寅、卯日之後，母子保得平安順利。

711 籤（問投身官職）

　　從富須從儉上來，跟官守分亦無災，世高應下財星旺，管取他年得利歸。

【白話解說】

　　凡事不貪非分之想，久了以後也自有歡樂，來年一定能名利雙收，事事成功。

712 籤（問參選求官）

　　文書臨應可求官，要在秋冬謀始安，只恐夏春多有阻，必須時至可相安。

【白話解說】

　　要求官秋冬就要開始準備了，再來春夏就會遇到阻力，直到時機成熟前都不可掉以輕心。

713 籤（問家書音訊）

君占家內信如何，官鬼文書音信無，秋季之中猶可望，春淹夏滯恐全無。

【白話解說】

家書難尋，要有消息恐怕不容易，秋季或許還有希望，其他時節就沒指望了。

714 籤（問選舉提名）

納吏成名在此時，不須疑慮問高低，目今破耗休慳客，恐過機緣不相宜。

【白話解說】

只要能提名不管得票率的高低，但是該花費的不能小氣，錯過這次只怕往後就難了。

715 籤（問雇用員工）

　　父母持世子孫昌，欲討家奴未必良，夏
忌閒非多失脱，縱然要討再商量。

【白話解説】

　　這個員工可能不行；來人可能都做不
久，應該先把自身的舊問題處理好。

716 籤（問官司贏否）

　　告狀占之得順情，文書官鬼兩相臨，應
來生世他生我，告狀終須理得知。

【白話解説】

　　官司平分秋色，但贏面居多，有理自可
行遍天下，自然不會有太多的困難。

717 籤 (問買貨可否)

　　置貨占君有貴幫，子孫持世不須忙，十分財利平安得，一人經營保久長。

【白話解說】

　　這次買賣有人會從旁協助，不須太過操心；做好長遠打算，自然多利益。

718 籤 (問購買土地)

　　買田占此恐非宜，官鬼文書有是非，買得來時花利少，糧差多重重非宜。

【白話解說】

　　是一塊有爭議之地，這個恐怕不適合，不但附加價值低，又會惹來是非，所以並不適宜，需多加考慮。

721 籤（問買賣成否）

　　子孫持世福星強，交易占之事可有，得力中人來助我，不順疑慮保無妨。

【白話解說】

　　這件交易應該還有希望！最好透過中間人來協助，事情會順利一些。

722 籤（問懷胎生產）

　　兩重父母一重財，孕育占之實美哉，冬季生男夏產女，虛驚雖有不害傷。

【白話解說】

　　對於這次生產心理壓力很大吧！冬季生男、夏產女，雖會有些小狀況，但還無妨。

723 籤（問徵人找人）

尋人路上喜相逢，世應相生最有功，岸畔水邊相聚會，人財兩見喜重重。

【白話解說】

看來可以找到人，這個應該會在偶然間相遇！可能是在路上或是以前常去的河岸邊等。

724 籤（問買官順否）

君占納監少如心，世位逢凶不足論，且自遲遲休要急，更防目下有虛驚。

【白話解說】

對於買官這檔事，這事是不吉利的，暫且停止所有動作，免得有意外狀況發生！

725 籤（問討小老婆）

　　欲占娶妾事何如，美貌清絲好嬌娥，更得明珠生貴子，要知造化得中和。

【白話解說】

　　你想討小老婆，你所相中的女子貌美條件又好，將來又能替你生貴子，金玉滿堂，門庭溫馨。

726 籤（問和解狀況）

　　和世應知未遂情，不須退步免心驚，重重官鬼來相剋，必得官和照可成。

【白話解說】

　　會贏，此事不要急著讓步，應該等著官署來判定；屆時要談再來談，會有不錯的結果！

727 籤 (問婚姻感情)

求婚占此卦為高，世應相生福祿饒，夫婦齊眉家計足，女多子少命中招。

【白話解說】

這門婚姻雙方意願很高，夫唱婦隨福祿相隨，女孩多、男孩少，命中注定，不得強求。

728 籤 (問升遷機運)

鬼爻臨應剋妻財，欲問升遷事未隨，休聽旁人説虛信，只宜守舊自然諧。

【白話解說】

平常心有機會，有人故意散播謠言，固守本分、不妄非分之想，就不會落入圈套，自然和諧，漸入佳境。

731 籤 （問病情狀況）

　　君占疾病問神明，四肢難安節骨疼，家
內福神並宅鬼，三牲俱獻定安寧。

【白話解說】

　　有無形的干擾，占卦問病情：四肢關節
疼痛，是因為住家磁場不對及鬼神的作祟。
宜三牲俱獻定可安寧。

732 籤 （問兄弟分家）

　　此卦占來有不宜，君問分家有是非，待
到來春方起意，方保無虞有和美。

【白話解說】

　　暫緩一下，目前分家不適宜！恐會惹來
是非，等明年春天以後再打算，會比較恰當。

733 籤（問開會談判）

　　君來問會事纏綿，無奈星辰信不然，莫被小人將事算，破費財物又熬煎。

【白話解說】

　　再怎麼談我們都處劣勢，按目前協商討論情況阻礙多，勿被小人從中計算而破財。

734 籤（問求職工作）

　　君問謀事掛心懷，西北星辰作禍災，只請親友驅逐去，貴人得喜不為難。

【白話解說】

　　找人介紹，目前很難找到好工作，有人中傷你。只要親友幫忙排解問題，再得貴人協助，就不難找到好工作。

735 籤（問嬰兒健康）

誠心占卜問因由，孩兒喜事不必憂，官
勞鬼爻須禱告，身康體健不須愁。

【白話解說】

ok 的！卜卦問小孩病因，不必擔憂，
只要迅速就醫及誠心祈禱，身體就會恢復健
康。

736 籤（問父母病情）

子占父母病纏綿，只為星辰降瓦紀，還
要破財並保佑，請醫服藥自然安。

【白話解說】

可能會拖一些時候，占卦問父母病情：
因父母病魔纏身已久，必須花一些錢請醫師
特別照料，自然可以痊癒。

737 籤 (問購屋利否)

　　君占買產是佳房，移家之後事吉昌，選擇良辰並吉日，親鄰樽酒賀新房。

【白話解說】

　　你占買房產的卦，可以買到好的房產。選擇吉招良辰，移居之後事事圓滿，鄰居都來慶賀入新居。

738 籤 (問搬家好嗎)

　　來占家宅欲移居，擇取良辰吉日時，安富增榮多吉利，丁壬福祿定為宜。

【白話解說】

　　恭喜，目前搬家是個好時機；選擇好的日子，榮華富貴、名利財祿滾滾來。

741 籤 (問祖墳風水)

卦占塚墓事如何，山向東西乃可過，產近山林多擇穴，兒孫後代中高科。

【白話解説】

祖墳風水應盡量選擇靠近山林的地方點穴、立向，後代兒孫會考運特別好。

742 籤 (問出借財物)

放帳求財問卜來，卦爻世應可生財，如逢春夏平平過，秋末冬初有利歸。

【白話解説】

漸入佳境，不是很有利的。春夏的話還不是很順意，秋末冬初才會看得出利益。

743 籤（問借錢順否）

　　財爻上卦最為高，借取錢財乃必疑，君
在秋冬多不足，如逢春夏兩相宜。

【白話解說】

　　借貸嘛，建議你在春夏兩季比較容易借
到錢，若到秋冬的話恐怕借的錢不多。

744 籤（問買賣牲畜）

　　卦占六畜喜臨門，牛馬豬羊利稱心，好
命年年添小犢，耕疇微利有虛驚。

【白話解說】

　　這樁牲畜的買賣對你非常有利，買賣以
後年年都會再增產小寶寶。

745 籤 (問賭運如何)

唯卦財臨世位來,賭錢逢此實親哉,春間利息平平過,夏季秋時滿取財。

【白話解說】

不要抱太大希望,在春季勝算不大,夏秋時則勝算較大。基本上你不是會在賭錢上有獲利的人。

746 籤 (問開店財利)

君占開店許君開,接人迎門笑物懷,貨物緩緩多得意,南北東西廣招財。

【白話解說】

很棒,開店做生意適合你,由於你對人很友善且笑臉常開,若再過一些時候必能財源廣進。

747 籤（問返鄉時機）

世應比和卦甚奇，回鄉占此卦無虞，家中役戶差徭重，凡事藏機少是非。

【白話解說】

這時候回鄉是很好的時機，不必過於擔憂的，回去後家中差事繁重，多做少說自然不會錯！

748 籤（問求財機會）

求財卜卦喜生財，任往東西不必猜，若是本微求利益，管教白子得將來。

【白話解說】

時機可，最好是以小額投資為宜，故不需太猶豫，儘管大膽的去做，成功指日可待。

751 籤（問一技之長）

卦中喜見兩重財，手藝占之實美哉，怎奈重重兄弟見，大財難見小財來。

【白話解說】

因你有一技之長很好，但因為競爭者眾，所以就算沒有給你帶來很大的財富，至少也有很多小財不斷進來。

752 籤（問親人信息）

行人來早與來遲，卦內分明說與知，亥丑來臨方可到，隨身財帛自然期。

【白話解說】

詢問親人何時回，卦象說得很清楚：到亥、丑的月或日才可，而且隨身所需的財物也都會自然的進來。

753 籤 (問家宅風水)

卦占家宅最為先，老者安之少者閒，官鬼文書俱發達，福人將蔭莫憂煎。

【白話解説】

目前住家很好，老者獲得妥善的照顧，少者也得到適當的教養，又得到福神庇佑，將來會更有成就。

754 籤 (問合夥吉凶)

合夥經營應有財，財爻持世稱心懷，夏秋二季財源盛，若到春冬財更添。

【白話解説】

絕佳組合，合夥經營應該有財利而又稱心如意，夏秋二季經營，財源盛興，若到春冬二季財利更豐盛。

755 籤（問押解人犯）

　　長解須知受苦辛，刑傷不見有憂心，往來路涉多方碌，僅得貴人遇貴來。

【白話解説】

　　押解人犯過程多災難，也受盡辛苦，往來多費心勞碌，還好得貴人相助。

756 籤（問失物找回）

　　失財失物莫憂心，家賊難防緩緩尋，屢遇賊徒還怕失，時逢丑亥更防驚。

【白話解説】

　　遺失財物不用擔心，家賊難防慢慢找，最近運氣不好，會破財，在冬天更要小心，以免造成更多損失。

757 籤（問走失信息）

　　人丁走失急難尋，卯戌占親莫識音，只
在東南方上去，要知消息轉來春。

【白話解說】

　　一時之間可能很難找，只知往東南方向
去的，要等明年春天才會有音訊。

758 籤（問壽元劫數）

　　目下疾未通相連，官殺桑榆晚景榮，若
伏古稀添鶴算，潮消光耀方可終。

【白話解說】

　　目前尚無重大疾病，且心情不錯，有榮
祿的晚景，別想太多，好好的過生活，享受
生命價值。

761 籤（問入贅適合）

君占入贅未全美，隔角重逢有是非，女命重夫並壽促，必須別計再營為。

【白話解說】

不太好，這不是適合的對象，會因許多口舌是非引起誤會，應該要重新打算才是。

762 籤（問夢兆吉凶）

夢寐占之未稱懷，家中小口要防災，是非口舌須謹慎，破費錢財轉福來。

【白話解說】

不妙，並不是好夢！小孩以及是非糾紛都要小心，誠心誠意，行善積德，自然轉禍為福。

763 籤（問尋找店面）

　　君占尋館勿憂心，管取今年勝上春，賓主相投多福祿，定知要見大貴人。

【白話解說】

　　這間選定了就不要再擔憂，往後將一帆風順，而且有更大的機緣、福祿雙收。

764 籤（問生育求子）

　　君占求子此卦真，父母親娘剋子孫，要見芝蘭須妾有，如無福祉子休論。

【白話解說】

　　若問求子與父母福德有關，宜多行善、佈施積德，否則娶妾無積福德也休想生子。

765 籤（問是非口舌）

　　口舌閒非不足論，貴人必有喜相臨，虎頭蛇尾須當忌，可比空中一陣雲。

【白話解説】

　　這次誤會是非爭執並非壞事，只要大家願意平心靜氣面對問題，怒氣會煙消雲散，得以解決。

766 籤（問出外遠行）

　　兄弟重重爻上春，不如安分守田園，出行若問利和吉，破耗須防事不成。

【白話解説】

　　若計畫出外打拼且想求名利，只恐工夫費盡事不成，不如安守莫妄動。

767 籤（問漁獲收成）

取魚波濤一葉舟，此身去向北方流，如今撐得灘頭到，尚有機緣在目前。

【白話解說】

問收成這表示以往都不是很順遂，不過能堅持至今已難能可貴，機緣就在前面。

768 籤（問五穀收成）

收成占之卦中平，只許收成半入門，早禾不及晚禾好，晴多雨少穀豐登。

【白話解說】

今年收成平平，晚一點收成比早一點好，在種植時機上可以考慮延後一點。

771 籤（問文憑文書）

　　文章官鬼貴人多，領卻批文事可和，進步自然少阻隔，見機而作笑呵呵。

【白話解說】

　　慢慢來，凡事按部就班照規定來，也不要太過急躁，一定能令你心想事成。

772 籤（問生意投資）

　　生意占逢此卦爻，滿中求損最為高，若用小費方遂意，申未時逢便可拋。

【白話解說】

　　用以退為進的投資做法才是上策，再花費一點去打通關節；到夏末、秋初，見好就收。

773 籤（問有無貴人）

見貴占之運不如，功名切莫意躊躇，縱然見面無些利，何必勞勞守此株。

【白話解說】

沒貴人在時機及對象上都有問題！縱然見了面也是沒有多大幫助，不必勞心等候。

774 籤（問產品收益）

財爻持世意隨願，君問春蠶喜稱心，不必多占空費力，十分財喜在門庭。

【白話解說】

你適合這份工作，對於產品上的收益不必太過擔心，有十分努力，自有十分的收穫。

775 籤（問訴狀贏敗）

　　子孫官鬼怕相連，訴告須知望包收，水火之時得至理，衙門無錢不必言。

【白話解說】

　　官場的文化本身就有些無奈！要有紅包疏通才能脫身，並且最好選在夏天或冬天打官司比較有勝算。

776 籤（問出貨安全）

　　錢糧解送要遲遲，目下須知定不行，春夏千金多遂意，秋冬只恐要遲遲。

【白話解說】

　　這次出貨恐怕要延後了；如在春夏是沒什麼問題，但在秋冬最好是不要。

777 籤（問動土宜忌）

起造居占不必忙，存神用意快商量，六
爻安靜財雖旺，必取平安並久長。

【白話解說】

動土之事還是先緩緩；宜與貴人先商量
看看；雖然目前財力豐裕，貪圖舒適享受反
而壞事。

778 籤（問賣貨時機）

財臨應位剋文書，脫貨占求要三思，若
要脫時宜稍緩，庚辛亥子可謀之。

【白話解說】

看來目前恐怕還不適宜，最好稍等一段
時間；庚、辛、亥、子日或秋冬以後就可以
了。

781 籤（問尋醫求方）

　　求醫治病不愁凶，福德臨醫定有功，只待交冬方可脫，好將禮物謝郎中。

【白話解說】

　　要求醫治病不必擔心，以好心行善持世者，必可遇到良醫來治病，在冬天可痊癒。

782 籤（問一生運勢）

　　命運占之實美哉，知君否極泰將來，謀為數栽多難遂，今歲秋冬財迎來。

【白話解說】

　　問未來運勢占這個卦，是好卦，多年來的勞碌奔波，在今年的秋冬，財運滾滾來，所謂否極泰來。

783 籤 (問升學考試)

鬼爻持世破文書，入學占之恐不如，秋
夏二季猶可望，春冬還要再遲遲。

【白話解說】

目前時機春季還不是很恰當，在時機和
目標上宜斟酌，在秋夏二季較樂觀有成。

784 籤 (問進修前途)

君占此卦問功名，隔角重重總不如，雖
是文章成錦繡，也還是個白衣儒。

【白話解說】

關於進修前程功名之事，恐怕是困難重
重。雖然文章很好，也還是個白衣書生。

785 籤（問國家考試）

科舉成名占此爻，不須疑慮問低高，鹿鳴宴上呼先進，衣紫腰金福祿全。

【白話解說】

這次考試成績十分的優異，是自己努力的成果，而且考運很好，可說是名利雙收之運勢。

786 籤（問催討債務）

應高父母喜相逢，取討財物目下過，還須託人方可遂，途中休聽小人言。

【白話解說】

想討財物，眼前是拿不回來！託人想個方法應該可以要回來，一旦決定後中途就不要變卦了。

787 籤 （問招婿成否）

招婿占之卦甚宜，子孫持世有扶持，謙
平受益生利祿，親者為媒不必疑。

【白話解說】

這件婚事算適宜，且是經由親友間來撮
合的更不必懷疑，將來必定財運亨通。

788 籤 （問天氣好壞）

卦占久雨問晴天，雨怕雲行頃刻間，欲
問天晴晴不久，需然一陣又連纏。

【白話解說】

陰雨的情形恐怕不能立即的改善，就算
有幾個晴天，也是暫時的，大概還要下一陣
子雨。

811 籤（問懷胎生產）

卦占孕育有虛驚，男在東兮女在春，申
亥酉辰方遇吉，不須疑慮苦憂心。

【白話解說】

懷孕過程受到一些虛驚，要到申、亥、
酉、辰日之後，會遇到吉星保佑生產順利。

812 籤（問升遷機運）

子孫持世他無慮，卦問升遷可稱心，寅
午戌兼巳酉丑，文書發動有佳音。

【白話解說】

這是一次很好的機會，升遷可稱心如
意，大概要到了夏、秋之際就會有好消息。

813 籤（問討小老婆）

娶妾占之未遂心，內外和平終得成，水
金兩命為全美，餘命遭逢恐不寧。

【白話解說】

想討小老婆，依此事恐怕無法成心願，
兩者相生不相沖尚可成婚，若遇刑剋不得安
寧，宜三思。

814 籤（問婚姻感情）

求婚占之最為良，束帛妻財兩事強，管
取齊眉多福壽，並產兒孫衣錦郎。

【白話解說】

若問婚姻與感情，這椿姻緣很不錯，財
丁兩旺，子孫滿堂，和樂融融。

815 籤（問買官順否）

納監來占往帝都，不如安命莫奔波，寅年午歲官星旺，才多喜氣耀門庭。

【白話解說】

目前不太順利！時機要成熟也要一段時間，要等到虎年、馬年的時候，自然福祿天成，光耀門楣。

816 籤（問買賣成否）

交易君占此卦爻，應來生世許成交，雖然利息平平得，脫貨求財做這遭。

【白話解說】

請抱平常心，只要對方肯成交，雖然沒有利潤存在，還是要硬著頭皮做完。

817 籤（問和解狀況）

　　兩重官鬼兩相凶，和事占之未便從，縱
得和來終欠理，兩平均得要心公。

【白話解說】

　　有困難，此事雙方認知差距太大，硬要
擺平也說不過去，還是得秉公處理才是。

818 籤（問徵人找人）

　　尋人不必苦躊躇，應位逢財必自知，丑
未辰戌消息到，旁言旁語總成虛。

【白話解說】

　　找人事不必猶豫不決！辰、戌、丑、未
月或日就會有消息傳來，而一些小道消息未
必是正確的。

821 籤（問一生運勢）

占卜知君問五行，眼前造化正豐盈，六爻安靜星辰旺，官鬼無傷福壽增。

【白話解說】

卜卦問一生運勢，照目前運勢看來很好，未來能豐盈富足，福壽綿長。

822 籤（問天氣好壞）

金能生水雨淋林，欲問天晴天不晴，若要晴時寅午戌，晴多雨少數分明。

【白話解說】

若你要問何時下雨，下雨機率是很大的，要等到寅、午、戌日才會放晴。

823 籤（問國家考試）

　　文星光耀斗牛虛，科甲爭名在此時，天爵既修人爵至，果然方不負男兒。

【白話解説】

　　目前考運非常好，一定可以金榜題名，無論官位或利祿都不錯，會不負你以前的努力。

824 籤（問招婿成否）

　　卦中占婿有躊躇，應位高兮世位低，凡事皆因忙裡過，不如別選且相宜。

【白話解説】

　　這門婚姻宜三思，因雙方年齡或其他條件差距大，另選對象亦相宜。

825 籤（問進修前途）

占卦知君欲讀書，應來生官世相扶，巳
酉丑年前進步，勸君熟讀五車書。

【白話解說】

關於讀書與前途發展：只要認真積極，
努力不懈的念書，到巳、酉、丑年一定會有
進步。

826 籤（問尋醫求方）

君欲求醫卦欠靈，應來生世病源深，當
初不禱生嗟怨，服藥如何去病根。

【白話解說】

求醫所占這卦並不好，病根已深、病痛
長久，當初又沒有好好醫治，現在想痊癒恐
非易事，須耐心治療。

827 籤（問催討債物）

　　卦中喜見兩重財，取討之時實美哉，七分財氣重重見，管教庚寅得利來。

【白話解說】

　　目前正是催討的時機，而且你有七分的財運！若在庚、寅日取討就更適合了。

828 籤（問升學考試）

　　文書有氣卦生憂，世位逢沖是不同，欲問功名芹淑裡，當回窗下且藏修。

【白話解說】

　　時機不對，今年考運比較不好，逢沖在先，但繼續努力，一定有成功的時候。

831 籤（問親人信息）

　　火天大有問行人，音信雖有不得真，燈花報喜逢時到，但看天上月鉤星。

【白話解說】

　　目前沒有親人的消息，就算有也不見得是真的！等看到天上的月鉤星時，就是他回來的時候。

832 籤（問壽元劫數）

　　君占壽數壽不靈，雖洩天機擾家庭，眼前都是冤魂到，縱有錢財枉費心。

【白話解說】

　　最好不要問，詢問壽命不靈驗，洩漏天機恐會招來災禍。冤魂債主眼前到，就算有錢也難解危。

833 籤 (問押解人犯)

解人占此未為凶，福德重重好事同，自
遇貴人多助力，管教得意主安寧。

【白話解說】

押解人犯占卜得吉，應可以得到許多貴
人的幫助。所以不用擔心，可以順利完成任
務。

834 籤 (問走失信息)

財爻持世無憂慮，走失東西定轉頭，目
下有人傳小信，近水傍山聽緣由。

【白話解說】

要找回沒問題，走失的，早晚會回來，
馬上有消息傳來，費點心思去瞭解一下。

835 籤（問合夥吉凶）

合夥求財爻未宜，須防目下有閒非，春秋二季財興旺，若到冬夏利有虧。

【白話解說】

談合夥目前不適合，要小心防範閒言閒語，若在春秋二季財運比較順，若到冬夏二季恐怕會虧損。

836 籤（問一技之長）

君占手藝取人財，世應相和多比肩，幸得財爻臨應位，必須捨求利自生。

【白話解說】

想要學手藝賺錢，目前剛開始會有點不順，不過等些時候就比較有生財的機會。

837 籤（問失物找回）

　　失財失物並無蹤，到底終須財物空，著
意追尋無覓處，財因卦氣兩交沖。

【白話解說】

　　看來沒什麼指望了，遺失的東西恐怕很
難找回來，不見的錢財只好認命了。

838 籤（問家宅風水）

　　家宅平安兩見宜，福神得力少憂疑，秋
冬財利重重見，六畜田禾儘可期。

【白話解說】

　　目前的住家風水很好，平安又得到神明
保佑，到秋冬時節六畜興旺，財源滾滾而來。

841 籤 (問生意投資)

生意占之許遂心，貴人作主喜相生，鰲
魚脫出金鉤釣，擺尾搖頭出此行。

【白話解說】

想投資做生意，已經是可以自己當家做
主的時候！如果準備妥當，遇到貴人，就不
要猶豫的去做吧！

842 籤 (問賣貨時機)

君占脫貨主遲延，欲速成之少利源，亥
子壬癸方得脫，時逢寅卯且寬閒。

【白話解說】

目前是得不到利潤的，到亥、子、壬、
癸日時或冬天比較適合，要是在春天或寅卯
日時，宜延遲一段時間比較好。

843 籤（問訴狀贏敗）

訴辯公庭得順情，文書官鬼兩分明，出官論理多方便，減罷除刑必稱心。

【白話解說】

照實稟告，在官司上自然就順利，這件事一定可以減輕或免除刑罰。

844 籤（問動土宜忌）

君占起造固非宜，起後須知略見非，凡事三思方是美，安時守舊莫心痴。

【白話解說】

問動土此事不宜！往後也還是會有一些糾紛，任何事都要三思而後行，目前先維持現況就可以了。

845 籤 (問產品收益)

春蠶喜得兩重財，官鬼相臨久稱懷，幸得子孫來世位，七分財喜定然來。

【白話解說】

問產品收益，你可繼續這方面的事務，只要努力並可獲得七分以上的利潤，值得經營。

846 籤 (問文憑文書)

欲領批文要用錢，若還不用必遲遲，財逢亥子方如意，寅卯求之尚未然。

【白話解說】

若要取得文憑，就是要花錢才行，在春天恐怕不順利，到冬天才能順利取得文憑。

847 籤（問出貨安全）

收解錢糧頗稱心，貴人相助必如情，文書官鬼來臨應，冬夏占之更稱心。

【白話解說】

對出貨這事情會滿順利的，不但會得到貴人幫忙，而且也會有其他的收穫。

848 籤（問有無貴人）

今來占卜心猶豫，決心下意又恐遲，見貴終須並大利，不如不見免奔馳。

【白話解說】

看來貴人很難出現，此事會有一些是非，況且要大費周章到處奔波，不如作罷。

851 籤 (問出借財物)

　　放帳占之卦未週，只因世位旺文書，將
來枉費求名利，何不安心且待秋。

【白話解說】

　　要借人家錢，目前不是有利的時機，只
怕會有損失，不如就等秋天再說吧！

852 籤 (問求財機會)

　　求財占卦遇中孚，管教經營遂取圖，出
入貴人因得力，重重財喜有相扶。

【白話解說】

　　真的很不錯，這是個很好的機會，不但
有好的獲利，也會得到貴人的協助。

853 籤（問賭運如何）

　　賭錢再怕弟兄臨，反覆無常不順情，莫怪旁人來勸阻，勸阻便是是非人。

【白話解說】

　　此時犯劫財運不順利；賭錢（或投機性行為）本來就不值得鼓勵，會有很多人勸阻你。

854 籤（問返鄉時機）

　　君欲回鄉問卦爻，子孫健旺甚為高，況兼伴侶為知己，一路平安不用焦。

【白話解說】

　　該是時候了，回鄉之行是好的，路上會有知己相伴，一路平安順利不必擔心。

855 籤（問買賣牲畜）

　　欲買六畜最為良，只望心中有主張，君
要買時定生息，勸君立意莫徬徨。

【白話解說】

　　不用猶豫，目前買寵物是最好時機，決
定了就去做，猶疑太久反而對事情不好。

856 籤（問祖墳風水）

　　世應相生萬事成，君占風水只平安，乘
龍伏虎多回顧，後代兒孫產俊英。

【白話解說】

　　若問祖墳風水事，這座風水平安順利，
後代會有不錯的人才出現。

857 籤（問開店財利）

欲問開店不宜開，財破文書定少來，若有同心來助力，秋冬交節許君開。

【白話解說】

想開店，現在不適合；秋冬交節之際，若有人來幫忙或許可行。

858 籤（問借錢順否）

錢財借取問神明，託保求之事可成，亥子庚辛財發動，眼前不遂莫生嗔。

【白話解說】

找別人擔保才會有機會，亥、子、庚、辛月或日是個切入點。目前不必強求，也不必生氣。

861 籤 (問參選求官)

　　求官春夏喜洋洋，若到秋冬防有傷，月缺自然有盈日，片雲暫掩亦無妨。

【白話解說】

　　暫時的挫折也不用太在意；這個方向是對的，持續下去一定有機遇。

862 籤 (問購買土地)

　　子孫臨印住田庄，占買田園主吉昌，需要留心防口舌，事成日後利非常。

【白話解說】

　　想買土地，這塊地很好，但要小心口舌是非；事成之後利益會非常多。

863 籤 (問雇用員工)

　　君占討僕最為良，討得成時壽命長，莫聽傍人並外語，成交之後定知詳。

【白話解說】

　　對於雇用員工一事，不用在意別人的閒言閒語，照自己的判斷去做絕對沒錯。

864 籤 (問買貨可否)

　　卦占置貨十分財，子母相收利息肥，申子辰中多利益，只嫌夏季未全諧。

【白話解說】

　　吉凶一半，在申、子、辰月的時候會有不錯的利益，如在夏季就沒那麼完好了。

865 籤（問選舉提名）

　　文書官鬼兩相侵，納吏功名得進身，財望生官官又旺，管教日後定如心。

【白話解說】

　　對於這次的選舉，一切準備就緒，此事應該是有十成把握。

866 籤（問投身官職）

　　欲進衙門未有成，取利何必傍朱門，重重父母從中阻，奉勸君家惜此身。

【白話解說】

　　看來，你不適合從事官職，想賺錢不一定走這條路，還是愛惜自己，發揮自己的長才才好。

867 籤 （問官司贏否）

　　呈狀終須告得成，文書無位喜相臨，時
逢戌巳文書動，定主官司理得成。

【白話解説】

　　這個官司，過程中會有阻礙但無妨；戌、
巳月或日的時候是個時機。

868 籤 （問家書音訊）

　　財多臨應剋文書，家信途中有阻隔，春
夏占之即有信，秋冬寬耐要遲停。

【白話解説】

　　家裡傳來的信息，但在中途有所耽擱，
春夏來問就會有信息，秋冬則要耐心等待。

871 籤 (問夢兆吉凶)

夜夢顛連不足誇，只因心事亂如麻，若
然遇事多加謹，高臥南窗定不差。

【白話解說】

別胡思亂想，心思猶豫不定，凡事多謹
慎，不宜操之過急，自然會逢凶化吉。

872 籤 (問五穀收成)

收成占此卦為奇，官鬼休囚福祿齊，小
旱無憂農事好，高平底下各相宜。

【白話解說】

問今年收成如何，雖然有一點小乾旱，
總體來說今年是收成很好的。

873 籤 (問是非口舌)

是非口舌亦須防，若不防時定有傷，内
外有人多起意，三思行事保安康。

【白話解說】

很多人都在討論這檔事，要小心不然會
受傷害，凡事謹慎才是保全之道。

874 籤 (問漁獲收成)

水中求利總相宜，取魚占之不須疑，順
水中流多利益，卦爻坤定財利肥。

【白話解說】

問收成，不用考慮太多，也不須心存疑
惑，順其自然的去做，就會有豐厚的財利。

875 籤 (問生育求子)

　　求子占之卦未全，六爻無福總徒然，花多子少皆由命，取妾還須子息添。

【白話解説】

　　依卦象來看，要問有無生子機會，看來難，生兒育女皆由命，不必強求。

876 籤 (問入贅適合)

　　財爻隱伏事為遲，入贅占之有是非，女命從夫並夭壽，必須別進事方宜。

【白話解説】

　　想入贅，雙方想法有落差，而且有很多糾紛，非理想婚姻，宜另找對象。

877 籤（問出外遠行）

　　卜卦知君出行難，鬼爻持世出無成，途中危險須防阻，安守田園莫出門。

【白話解說】

　　想出外打拼，此行只恐達不到目的，途中還會有危險發生，最好在家不要隨便出門。

878 籤（問尋找店面）

　　子孫持世旺財多，尋館占之有貴高，絳帳大開受業重，重重財喜拾青蚨。

【白話解說】

　　找啊，找啊終於找到這個地點，可以嗎？選的相當不錯！這是一個好開始。

881 籤（問兄弟分家）

占此分家卦不宜，嫌因世位旺文書，若還後悔須防妒，省得奔馳意不如。

【白話解說】

目前不宜談，目前分家不適宜！要特別小心防範以後會有怨恨或嫉妒的糾紛發生。

882 籤（問搬家好嗎）

移居枉自費心機，世位逢官不必疑，守舊安心方是美，若還勉強有災危。

【白話解說】

搬家目前不是時候，還是要安守舊家為宜！若勉強搬遷，日後恐有災難臨頭。

883 籤 （問嬰兒健康）

見喜凶荒苦見傷，子孫臨應未為昌，應皆小子災危至，只有求神佑安康。

【白話解說】

詢問生病的吉凶，不必擔憂，應盡速往南方求診，或往南方祈求神佛保佑安康。

884 籤 （問購屋利否）

知君買屋來占卦，買時增價頻多話，隔角重重卦未安，只宜退步還須罷。

【白話解說】

買房子時，價錢可能會被炒高，而且出現不穩，目前就先暫時退一步作罷。

885 籤（問求職工作）

謀事無妨勿罣心，只因損氣費精神，自有好友來助力，成全之後得遂心。

【白話解說】

不用太擔心，不然只會讓自己不如意，而且有朋友來幫助，最後必如你心願。

886 籤（問病情狀況）

命犯災星煞不輕，傷寒吐瀉腹中疼，災星雖犯無難事，速即求神可保寧。

【白話解說】

看來是命犯病符星！常常感冒、肚子痛，建議快去看醫生、拜拜可保平安。

887 籤（問父母病情）

父母災殃定不妨，應透官位壽綿長，好
藥調和三五劑，限度無沖何必忙。

【白話解說】

父母的病不必擔心，不會造成傷害；只
要用對藥調理三、五次，就可康復。

888 籤（問開會談判）

君占會事莫憂心，要成須向好友明，財
旺重重無欠缺，七分財喜自然成。

【白話解說】

問此次的談判或協商、討論之事不必憂
心，但要在事前向朋友多說明定可成功，且
可以收到七成的利益。

另一種卜卦法－數字占卜法

例一

（A）想要占的問題是在第3項裡的第1號（求
財機會）。

（B）當確定問題後，就需祈求一個靈動數
字1～8均可，默念：（要很虔誠）我
是某某某、今年幾歲、家住何處、今日
心中有何事情（冥想心中所占之事）祈
求八卦祖師爺示卦指示吉凶，感恩再感
恩。如果祈求的數字是6（這個數就是
百位數）。

（A）　③　1

（B）　6　？　？

　　　　百　十　個（位數）

（Ｃ）當（Ｂ）祈求的數字是6，就翻到書封
面上的八卦圖中，從(A)中的3順時鐘
走6步＝7（十位數），然後再從（Ａ）
的1順時鐘走6步＝3（個位數），將
十位數7，個位數3填入（Ｂ），就可得
到673籤（問求財機會），請看書中的
673籤文解釋。

例二

1. 首先仔細找出你心中想要問的問題是在第幾項裡面的第幾號。

（A）想要占的問題是在第6項裡的第2號（徵人找人）。

（B）當確定問題後，就需祈求一個靈動數字1～8均可，默念：（要很虔誠）我是某某某、今年幾歲、家住何處、今日心中有何事情（冥想心中所占之事）祈求八卦祖師爺示卦指示吉凶，感恩再感恩。如果祈求的數字是3（這個數就是百位數）。

（A）　⑥　2

（B）　3　？　？

　　　百　十　個（位數）

（C）當（B）祈求的數字是3，就翻到書封

面上的八卦圖中，從6順時針走3步＝
4（十位數），然後再從2順時針走3
步＝6（個位數），所以答案為第346籤，
請翻開第346籤（問徵人找人）。

例三

1. 首先仔細找出你，心中想要問的問題
是在第幾項裡面的第幾號。

（A）想要占的問題是在第8項裡的第2號（家
　　宅風水）。

（B）當確定問題後，就需祈求一個靈動數
　　字1～8均可，默念：（要很虔誠）我
　　是某某某、今年幾歲、家住何處、今日
　　心中有何事情（冥想心中所占之事）祈
　　求八卦祖師爺示卦指示吉凶，感恩再感
　　恩。如果祈求的數字是3（這個數就是
　　百位數）。

（A）　⑧　2

（B）　3　？　？

　　　百　十　個（位數）

（Ｃ）當（Ｂ）祈求的數字是3，就翻到書封面上的八卦圖中，從8順時針走3步＝1（十位數），然後再從2順時針走3＝6（個位數），所以答案為第316籤，請翻開第316籤（問家宅風水）。

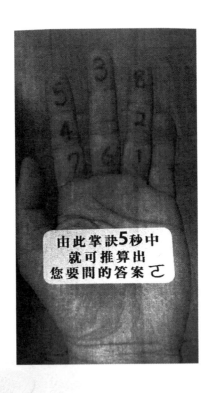

由此掌訣5秒中
就可推算出
您要問的答案乙

以下這24張牌是讓問測者直接抽，然後
不用開口抽三支牌我就知道您要問什麼
答案百分之百一定對如果您想要購買這
副牌請加 @a0228 微信:abab257
購買者贈送使用教學視頻

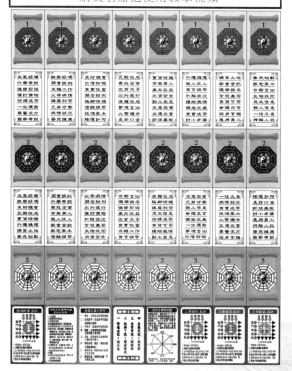

【本書占卜順序解說】

【步驟1】

　　首先請求問者瀏覽八卦牌，從牌中挑選出本次想要占卜的事情。(可參考本書最後面紅綠八卦卡)。

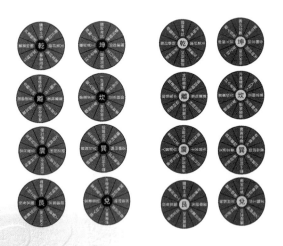

（占卜問題共有 64 項，分別放在不同八卦）

【步驟 2】

當選定問題後，心中開始默唸：

我是某某某、今年 __ 歲、

家 住：_____、今 日 心 中 有

_____ 事情 (冥想心中所占之事) 祈求八卦

祖師爺示卦指示吉凶，感恩再感恩。然後腦

中瞬間說出兩位數的數字，例如：說出之數

字為【23】

【步驟 3】

請求問者從紅色八卦卡中，挑出心中想

占之事是屬於那一卦，如下圖，求問者選的

是紅色八卦卡中的乾。

【步驟4】

再請求問者從綠色八卦卡中，挑出心中想占之事是屬於那一卦，如下圖，求問者選的是綠色八卦卡中的兌。

【步驟5】

　　然後將求問者說出之數字【23】與選出的紅色八卦卡【乾】及綠色八卦卡【兌】，套用本書封面的八卦圖中就可以得知本次占卜的事情是什麼？且能將吉凶告知讓我們做參考。

【推算方法】：

　　1.求問者說出之數字【23】，因易經只有八卦，所以要將23÷8，餘數是7，所以7是本書籤詩的百位數。

　　2.紅色八卦卡【乾】，則表示需由【乾】順時鐘走7步，會走到坤，而坤的下面是8則為本書籤詩的十位數。

3.綠色八卦卡【兌】，則表示需由【兌】
順時鐘走 7 步，會走到離，而離的下面是 3
則為本書籤詩的個位數。

4.將所推算出的百位數7、十位數8、個位數3等三個數字組合起來,得到的本書籤詩為【783籤】。

答案:請翻籤詩【783籤】,可得知求問者所要問的事是【升學考試】,再以此籤詩向求問者講解並指點迷津。

【例題練習】

1. 本次想占卜的事情是【失物找回】。

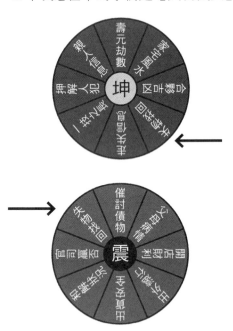

2. 經過誠心誠意的祈求冥想之後，心中唸出的兩位數(數字是14)，因易經只有八卦，所以要將14÷8，餘數是6，也是本書籤詩的百位數。

3. 尋找【找回失物】在紅色八卦卡中是【坤】卦，接著對應到本書封面的八卦圖中【坤】的位置，由【坤】順時鐘走6步，會走到震，而震的下面是4則為本書籤詩的十位數。

4. 尋找【找回失物】在綠色八卦卡中是
【震】卦，接著對應到本書封面的八卦圖中
【震】的位置，由【震】順時鐘走6步，會
走到乾，而乾的下面是1則為本書籤詩的個
位數。

5. 將所推算出的百位數6、十位數4、
個位數1等三個數字組合起來，所以本次所
占的事情【找回失物】請查本書的【641籤】。

請誠心誠意來占卜，所得之答案將會相當準確，每當占卜完畢要感謝天，感謝地，感謝人，如此的迴向，才得以得到最佳的指示，謝謝。

國家圖書館出版品預行編目資料

問吉凶一本通：鐵口直斷祕法／黃恆堉著.
第一版－－臺北市：知青頻道出版；
紅螞蟻圖書發行，2019.08
面　　公分－－（開運隨身寶；19）
ISBN 978-986-488-205-2（平裝）

1.占卜

292.9　　　　　　　　　　　　　　108009041

開運隨身寶 19

問吉凶一本通：鐵口直斷祕法

作　　者／黃恆堉
發 行 人／賴秀珍
總 編 輯／何南輝
美術構成／沙海潛行
校　　對／周英嬌、李羽宸
出　　版／知青頻道出版有限公司
發　　行／紅螞蟻圖書有限公司
地　　址／台北市內湖區舊宗路二段121巷19號（紅螞蟻資訊大樓）
網　　站／www.e-redant.com
郵撥帳號／1604621-1　紅螞蟻圖書有限公司
電　　話／(02)2795-3656（代表號）
傳　　真／(02)2795-4100
登 記 證／局版北市業字第796號
法律顧問／許晏賓律師
印 刷 廠／卡樂彩色製版印刷有限公司
出版日期／2019 年 8 月　第一版第一刷

定價 270 元　港幣 90 元

敬請尊重智慧財產權，未經本社同意，請勿翻印，轉載或部分節錄。
如有破損或裝訂錯誤，請寄回本社更換。

ISBN　978-986-488-205-2　　　　Printed in Taiwan

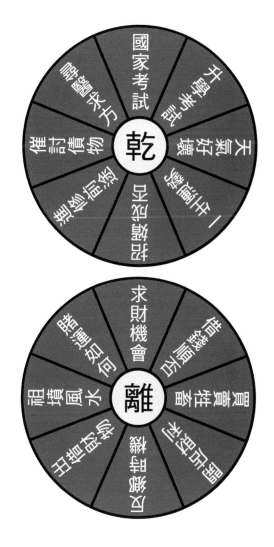

乾

國家考試
升學考試
天氣好壞
學運出行一
財運好機會
進物相逢
討債物件
尋醫求方

離

求財機會
借錢償石
買賣牲畜
口願求應信
祖墳風水
睹運及信

巽

賣貨時機
有錢賣人
產品收益
生死賭注
懷才干謁
緣地運程
文憑文書
輸嬴勝敗
訴訟

兌

搬家好嗎
開會談判
求職工作
公司產業
難題困惑
你求你怨
病情狀況
嬰兒健康

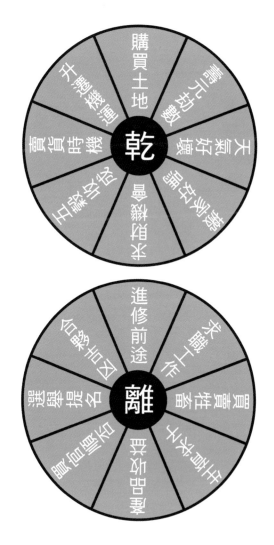

上圖（乾）：

購買土地　靜元劫數　天氣好壞　運動比賽　米道經濟　工程築路　飲食營養　賣貨時機　投機運用　牛養搬遷

下圖（離）：

進修前途　求職工作　買賣性畜　生意合夥　電腦品味　石頭貴眼　選舉提名　合夥吉凶

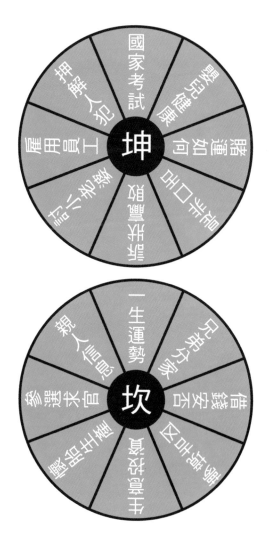

坤

國家考試
嬰兒健康
時運如何
進口半成品
進貨盈半品
愁之報怨
雇用員工
押解人犯

坎

一生運勢
兄弟分家
借錢安否
通訊出口
生理好算
醫生出醜
參選光官
親人信息

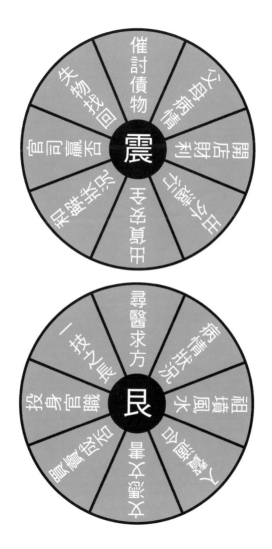

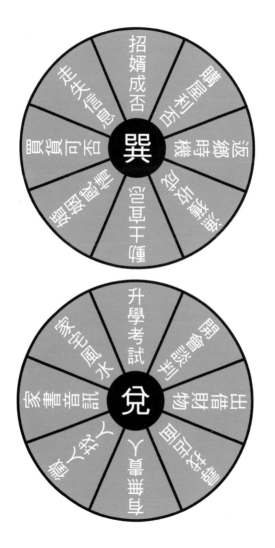